华漕、新虹史话

HUACAO XINHONG SHIHUA

张乃清 著

上海闵行地方文史丛书

（第二辑）

中西書局

图书在版编目(CIP)数据

华漕、新虹史话/张乃清著. —上海：中西书局，2023
(上海闵行地方文史丛书. 第二辑)
ISBN 978-7-5475-2116-8

Ⅰ. ①华… Ⅱ. ①张… Ⅲ. ①乡镇-地方史-闵行区
Ⅳ. ①K295.15

中国国家版本馆 CIP 数据核字(2023)第 078098 号

华漕、新虹史话

张乃清　著

责任编辑　郎晶晶
封面设计　梁业礼
责任印制　朱人杰
出版发行　上海世纪出版集团
中西書局(www.zxpress.com.cn)
地　　址　上海市闵行区号景路 159 弄 B 座(邮政编码：201101)
印　　刷　常熟市人民印刷有限公司
开　　本　700 毫米×1000 毫米　1/16
印　　张　12.25
字　　数　176 000
版　　次　2023 年 6 月第 1 版　2023 年 6 月第 1 次印刷
书　　号　ISBN 978-7-5475-2116-8/K·433
定　　价　78.00 元

上海闵行地方文史丛书

编委会

嘉定区
封浜站
金沙江西路
江桥镇
华新镇
华漕镇
徐泾镇
上海绍盛工业园
虹桥综合交通枢纽（在建）
虹桥国际机场
赵家
纪王
纪西
红卫
卫星
朱家泾
杨家巷
陈家角
陈思桥
王泥浜
华漕
陶家角
新家弄
黎明
肖王庙
石皮弄
诸翟
红星
建设
吴家巷
范巷
光华
中春路站

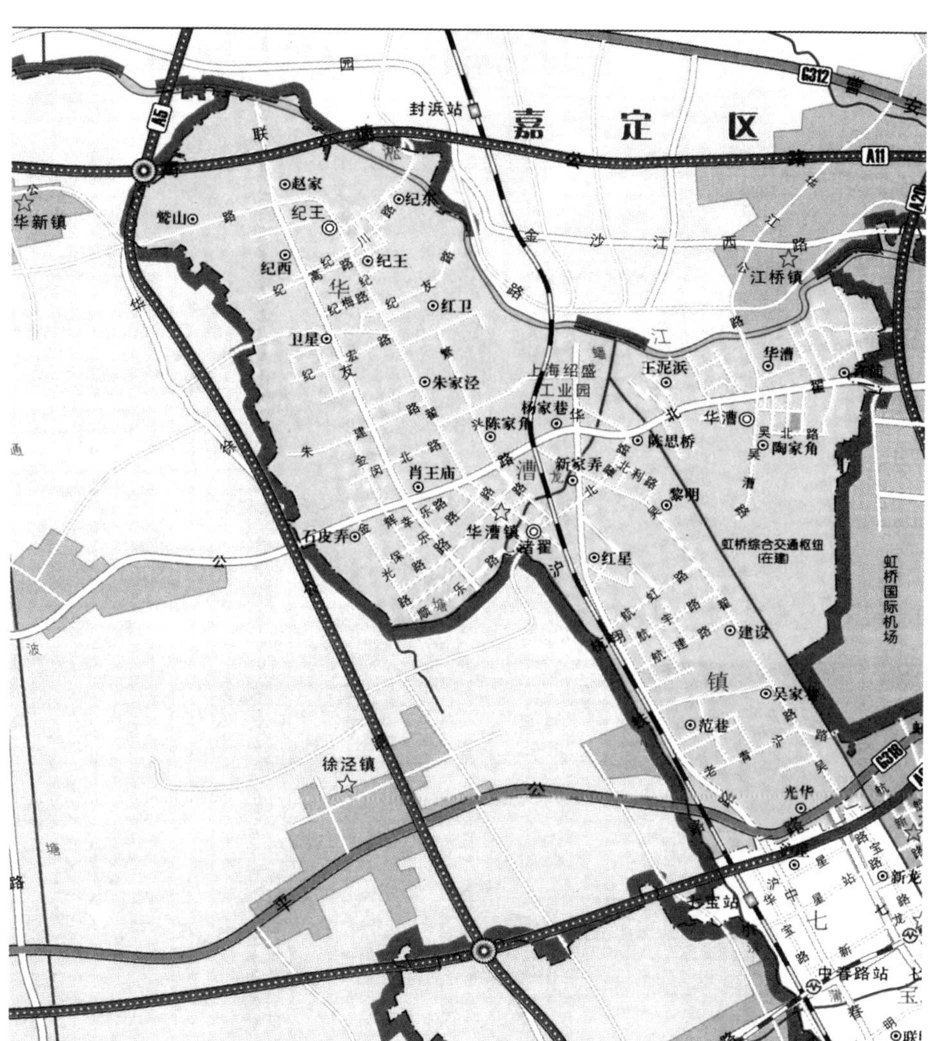

2006 年华漕镇地图

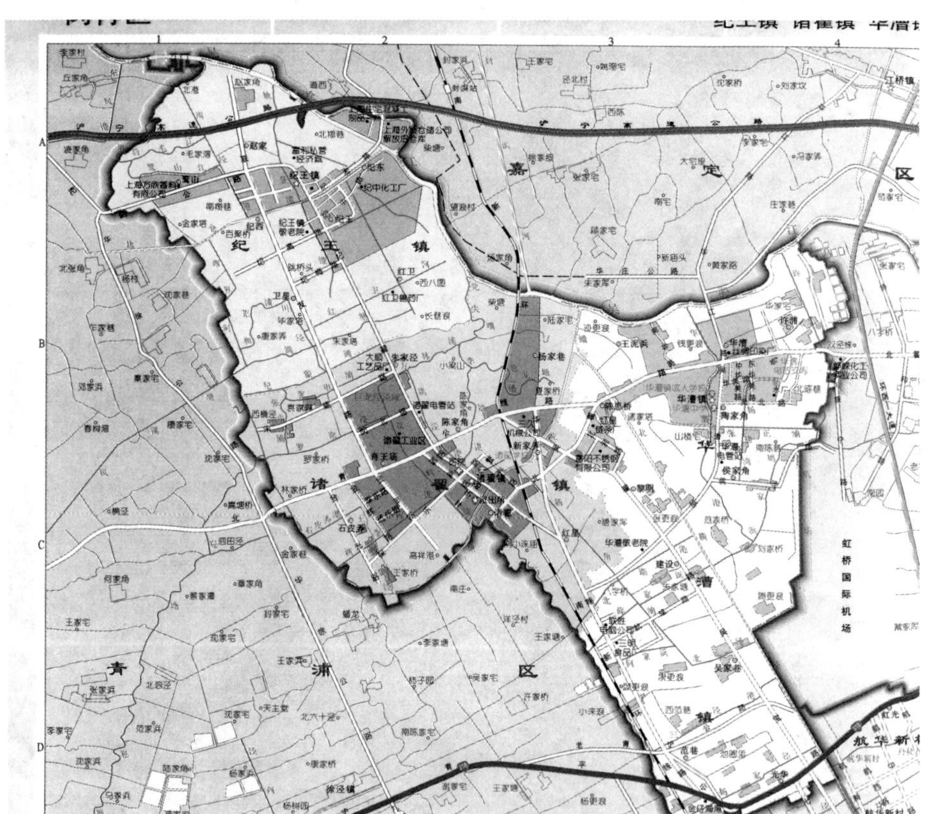

1999 年华漕镇地图

前言

Preface

华漕，起初是一条河道的名称（古名“滭潮浦”），后来成为市镇地名，如今是上海市闵行区境内行政区划地名。2000 年 10 月 8 日，经上海市人民政府批准，撤销华漕镇、诸翟镇和纪王镇，合建新的华漕镇。2010 年虹桥交通枢纽大动迁，陶家角等十个村和华漕等五个居委划归新虹街道。当下，外人要分清某处是否还属于“华漕”，或者要到华漕镇去找“老华漕”旧迹，也许就会遭遇“发展的烦恼”。本书所述的“华漕”历史文化，涵盖原华漕镇、诸翟镇和纪王镇地区。

这里，地处上海古冈身地带，五千多年前已经成陆，四千多年前已留下我们祖先的足迹。吴淞江水系滋润着这片土地，乡人依水而居，建设家园。一千多年以前，这里出现了颇具影响的白鹤村和七家村，从而在元代形成了诸翟和纪王两大集市，玄寿观、永福寺、净土寺和萧工庙等名重四乡，引来不少名士望族入住，从而对当地的人文历史产生了重大影响。

入明以后，诸翟、纪王、华漕三个集镇相继形成，大小寺庙有增无减，宗族祠堂随处可见。这里百姓安居，名士风流，百艺俱兴，胜迹传世。藏书家王圻寓居吴淞江畔，所建梅花源人称胜景，其著作等身，尤以大型类书《三才图会》（与其子王思义合编）为传世名著。诸翟侯氏家族发愤图强，连续三代出进士，更有侯峒曾、侯岷曾、侯岐曾少年时同取秀才，后又共赴国难，史称“江南三凤”“一门忠烈”，流传千古。本地还出现了一群女诗人，德才兼备，声名远扬。

清代，汪宜耀博学多才，著作甚丰，享誉文坛；侯艮旸书法出众，尤以草书笔法画驴，独创新意。据地方志和《海上墨林》等史书记载，本地书画高手迭出，流派纷呈，陶南望的《草韵汇编》和侯孔鹤的《白村堂帖》等成为著名的书法著作；乡间文人众多，诗风蔚然，汇编传世的诗集文选众多。

明清时期，这里的手工棉纺织业发达，经济繁兴。周边与青浦、嘉定诸县相邻，互有交融，五方杂处，民间文化广泛交流，民俗节事极为活跃，与寺庙的香火一起滋生了一个个的庙会节场，宣泄着人们的喜怒哀乐，地方土特产和特色文艺也应运而生。

这里的人们为保卫家园甘洒热血，谱写了一曲又一曲慷慨壮歌：元末豪杰钱鹤皋在此率众起义，震动江南；明嘉靖年间抗击倭寇的斗争可歌可泣，传颂至今；1937 年起的抗日游击战威震敌胆，为今人留下了一系列红色记忆。

如今，这里正建设国际社区，乡土传统文化如何保护和发展成为重要课题。优秀传统文化是中华民族的精神命脉。保护传统文化，挖掘乡土文化，留住美丽乡愁，呵护集体记忆，不仅仅是一种情怀，更是人们绵延历史文化脉络、追求更加富足的精神生活的必然要求。历史在发生变化，应当将乡愁从抽象的感情逐渐发展成为一种文化符号，成为一种看得见、摸得着的具体表达。如果仅仅留住某些乡村集体记忆而不进行呵护，使其“活化”，永葆“温度”，那么乡土文化就会逐渐失去原有魅力。如果把乡土文化的保护与开发权转交给开发商，往往会被肆意毁坏，这样的“再生乡土”看上去具有欣赏价值，而真正走进去细看，就会发现那只是空壳，传统乡土文化已经死去。生活不是被设计的，唯有自生自长的本土文化保持活态，乡愁才有无尽的生命力。每一处乡土，都有一个只属于自己的永恒追求，而引路者就是那些生于斯长于斯的传承人。因此，要站在新的历史起点上，准确理解乡愁，充分释放它的精神动力，让情感得到共鸣，让价值得到认同，才能凝聚民心，共同建设好具有中国特色的社会主义大家园，实现民族复兴中国梦。

坚定文化自信，为百姓留住乡愁念想，让家园情怀有守望之地，历史文脉有寻根之处，重礼厚德等价值观有承载之所，这是时代赋予当代人的重大使命。

目录 Contents

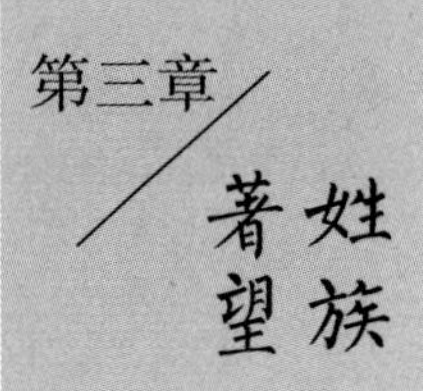

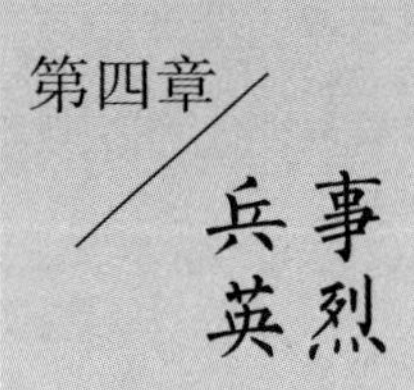

第五章 风物遗存

附录

第一章 古迹名胜

诸翟关帝庙今貌

诸翟张宅走马楼

古称松江

吴淞江古称松江，又名松陵江、笠泽江，江面辽阔，烟波浩渺，系震泽（即太湖）东泄的主要通道，是古代上海地区的母亲河。我国最早的地理著作《禹贡》称“三江既入，震泽底定”，即只要保证“三江”畅通无阻，太湖流域就不会发生洪涝灾害。

元代初期，松江府设立后，“吴淞江”取代“松江”古称。当时下游“两岸涨沙将与岸平。其中仅存江洪阔不过三二十步，湖水所至比之旧时万不及一”。

明代初期，吴淞江从昆山至上海县境的65千米河道几成平陆，河口段“广一百五十丈”。弘治至正德初年，吴淞江在潭子湾以下自然改道，形成新河（北新泾至外白渡桥东侧），1843年后习称苏州河。清代，吴淞江水道没有大的变化，人工治理主要是截弯取直。

历史上的吴淞江下游段，江面宽阔，唐代时长达20千米，因而受潮汐的影响很大。自宋至明代的数百年间，入秋后每逢风潮袭来时，海水倒灌，江潮汹涌，侵吞江堤，淹毁农田，两岸百姓深受其害。所以，人们将吴淞江潮称为“霸王潮”，意指其像横行天下不可一世的楚霸王项羽。

那时，尽管人们年年抢筑海塘，重修江堤，疏浚水道，仍难以制止“霸王潮”的淫威。于是，人们以18名汉初开国功臣的名义，沿江建18座庙宇，“假古名将之灵以镇江防”，试图借助当年战胜楚霸王的功臣名将的“神威”来镇住海潮，保一方平安。相传，沿江曾先后建庙72座，仅从北新泾镇北到封林浜之间就有18座，如由纪信坐镇的纪王庙（位于纪王老镇南）、由萧何坐镇的萧王庙（现已被拆）、由彭越坐镇的郧城庙、由张良坐镇的张留侯庙（又名天仙庙）以及由卢绾、英布、灌婴、樊哙坐镇的其他庙宇，声势可谓壮观。

治水功臣

任仁发（1255—1328），字子明，号月山，世居青龙江畔。18岁考中举人，引为青龙水陆巡警官。后任都水庸田副使，究心水利，撰《浙西水利议答录》十卷，上疏条利病疏导之法。大德八年（1304），上书指出地方官治水无效的原因，引起朝廷重视，任命其为江苏西都水营田使司都水少监。当年八月，主持修治吴淞江，将西起上海县界，东抵嘉定县石桥浜的河段挖深5米，开阔约83米，设置多座水闸。大德十年（1306），主持治理吴淞江赵屯、大盈两浦和白鹤、盘龙两江，在新泾设置水闸两座，水患随之大为减轻。泰定元年（1324），任仁发年已古稀，再度主持疏浚吴淞江。官至浙东道宣慰副使。致仕后，在青龙江筑来青楼、揽辉阁而终老。擅长绘画，所画人物笔墨苍润，生动传神。泰定四年（1327）冬逝世，享年73岁。

明永乐元年（1403），江南地区遍发大水。吴淞江入海处百余里，沙泥充斥，几乎成为平陆。朝廷派户部尚书夏元吉（1366—1430，字维喆）奔赴江南治水。在松江府巡视时，夏元吉征询治水方略，听取上海县叶宗行和华亭县张昕等书生建言，放弃吴淞江入海故道，疏浚范家港，将黄浦江作为太湖泄洪的主要通道，形成“以浦代淞”的水系变化。

明代最有成效的一次治水工程是由海瑞（1514—1587，字汝贤，号刚峰）督办的。隆庆三年（1569），嘉兴、吴江等地大水成灾。刚担任应天（今南京）

巡抚的海瑞实地巡察吴淞江等水道后，立即禀报朝廷，请求疏浚吴淞江，兴利除害。鉴于劳力不足，海瑞让饥民们“上工就食”。他撰写《开吴淞江祭文》称：“吴淞古江，横亘吴邦。岁久湮淤，震泽水泽。瑞请王命，建坝树桩。广募畚锸，务驶行艘……”在海瑞主持下，从嘉定黄渡至上海县宋家桥（今福建路桥附近）40千米河道的疏浚，两个月便告浚，深受百姓好评。康熙《淞南志》记载了海瑞疏浚吴淞江的事迹。

临江古迹

华漕镇卫星村（原为纪王公社坞城庵大队）有坞城古迹，位于纪王老镇西南。坞城，为上海地区最早见之于典籍的地名。相传，坞城由春秋战国时

坞城遗址位置图

吴王阖闾为防越国入侵所筑，泥土堆墙，周围达 1 500 米，用以储粮，初名南武城。明万历《嘉定县志》记为坞城，清嘉庆《大清一统志》记为鸿城。南宋时，抗金名将韩世忠驻军在此，修葺旧城，借以屯兵，建“坞城庵”，遂成地名。元泰定年间重修。元末钱鹤皋起义事败后，城被废。明代，坞城庵祀郦食其。清康熙年间尚存城基，庵北有小石塔，有河道名“坞城浦”。1973 年时，古庵尚存三四间房屋。附近临江还有红莲寺，始建于宋代。

华漕镇鹫山村(曾名永丰大队)位于闵行区西北端。相传，宋时本地出现一群吃人的鹫，危害四乡。时有一游方僧为拯救百姓，自吞毒药，诱鹫啄食。结果，死鹫堆积如山，人称鹫山。乡人为舍身和尚塑像立庙，取名鹫山庵，遂成地名。

两岸古渡

吴淞江与申纪江交汇口有姚家渡，又称虞姬墩渡，俗称“野鸡墩”。自古以来，兵家沿江布防时，这里为驻兵营地。清嘉庆《上海县志·墩汛》篇称：“沿吴松江汛四，即分防北汛之闸口、曹家渡、野鸡墩、新泾。”

纪王渡，位于华漕镇纪东村，为吴淞江老渡口，对岸即是嘉定。1958 年兴修水利时，将河道截弯取直，留下一片陆地改建成码头、仓库，人称“解放岛”。

柴荡渡，在柴荡村东。对岸是今封浜镇望浪村。渡口西边是老封浜口。1992 年左右废弃。

王家渡，许浦入吴淞江处，有王家庵，王圻居住地，渡口北即梅花源。

庄家泾渡，清乾隆十五年(1750)村民捐义田，建避雨亭。北岸是今江桥镇华庄村。1972 年建造华江大桥，渡口遂废。

华潮渡，初名陆家渡，朱日华捐地为义田。对岸是今江桥镇沙河村。1972 年建造华江大桥，渡口遂废。

江桥渡，渡口南岸称北港，北岸有宋家村。旧跨江有桥，称江桥。清康熙十一年(1672)疏浚时拆桥建渡口，以此得名。民国期间废。

相传，在北港与嘉定地界连接处，当年有一个摆渡口，乡人在此跨过吴淞江，名“龙皇渡”。

吴淞江北岸的“黄渡”历史悠久，始称“黄歇渡”“横渡”，相传因战国时春申君黄歇率军从陆皎浦摆渡渡江而得名。今为嘉定区黄渡镇所在地。

苏州河纪王解放岛渡口

从漇潮浦到华漕

华漕的古名，写作“漇潮”，“漇”字寓意水深，指当地主要河道“漇潮浦”。后来，漇潮浦成为运送漕粮的干河，人们称其为“华漕”。

清乾隆《上海县志》称：“华漕在（上海县高昌乡）三十保（五图、七图）。北入淞江。宋元间道接青龙江，故多商贾贸易。漕边富家以奇货相雄。”

漇潮浦迂缓盘曲，中段称“盘龙汇”。宋宝元元年（1038），两浙转运副使叶清臣奏准，将盘龙汇开拓成吴淞江新道。因吴淞江下游逐渐湮塞，以致上游苏州府，中游青龙镇的运漕和商旅舟楫无法抵海。华亭县运送漕粮的船队只得转道而行，吴淞江支流漇潮浦便成为漕运干河。随之，漇潮浦边设立了漕粮转运库，这里渐成集市，名“华漕市”，街呈“丁”字形，路宽二三米。明永乐年初，户部尚书夏原吉治水，疏浚吴淞江下游，水路皆通后，漕运船队不再走漇潮浦，这里的商市便随之衰落。

吴淞江改道后，漇潮浦故道改称“虬江”，首在“华漕市”，尾在“华潮庙”（位于今青浦区华新镇）。漇潮浦自横沥分支，东过刘家桥折北名三溇；又北过山楼宅，贯华潮镇，至问渡亭侧入吴淞江。长约五里，浅窄不能容舟楫。

1980 年，开展第一次全国地名普查时，因上海县“华漕”与青浦县“华潮”同音，为防混淆，将青浦“华潮”改名为“华新”。

老华漕命运坎坷

清嘉庆年间，这里仍称华漕市。但是，遭受咸丰兵灾之后，风光不再，《上海县志》称其“市肆寂然”。镇上人家大多只得重新以农耕谋生，以致镇区不见豪宅，大多为平房。

清代中叶，华漕市东南形成吴家巷市，跨三泾港，有南北街，向属七宝镇。

民国十年（1921），华漕镇南建造虹桥飞机场，大批农田、农舍划入其间。

从民国三十一年（1942）起，日伪军设立“清乡”封锁线之后，这里成了封

“老华漕”集镇

锁线之外的粮食及农副产品“自由贸易区”，缺粮的城里人、贩米的冒险客，纷纷赶来抢购，南北街上的粮市突然间异常地繁荣起来，以致全镇比户设摊。

民国时期设华漕镇，周边地区一度分属蒲松区（后称“新泾区”）、龙华区。1950 年后，华漕地区属新泾区，并分跨华漕、诸翟、建设、宝北四个乡。1956 年，分别随新泾区、龙华区划归上海市西郊区。1958 年 7 月，重新归属上海县。1958 年 10 月 1 日，成立解放人民公社。1959 年 6 月 1 日，成立华漕人民公社。1984 年 3 月 27 日，乡镇分设，成立华漕乡人民政府。1992 年 10 月，属新闵行区。

2000 年 10 月 8 日，经上海市人民政府批准，华漕、诸翟、纪王三镇合一，建立新的华漕镇，镇党政机关设在原诸翟镇上。原华漕地区人称“老华漕”。

2010 年，随着虹桥交通枢纽大动迁，陶家角等十个村和华漕等五个居委划归新虹街道，以致“老华漕”大多划出新的华漕镇。

紫隐村风情

蟠龙港，又名蟠龙塘，是吴淞江五大支流之一。河道迂回曲折，势如游龙，有“龙港十八湾，湾湾望盘龙”之说。

逶迤曲折的蟠龙港流经之地，乡人依水而居，人称“白鹤村”。因地处古冈身，自然曾是白鹤的故乡。人们在蟠龙港畔种植大批紫薇花（俗名“百日红”），足有 500 米长。每年农历四月至八月，沿堤紫薇花百余日不谢，花香不绝，繁荣似锦，令人惊叹，尤其是黄昏时节，落日余晖与连片江花相映，真似步入桃花源，超凡脱俗。当地有诗曰：“一里龙江市，沿堤植紫薇。争开迎夏景，摇落尽秋晖。柯作蟠虬古，荫成翠幄围。有人归画省，相对景依依。”由此，自明代起，这里又称“紫隐村”。

一首《紫隐村赋》生动地描绘了这里的人文地理特征：“古吴东鄙，大江南偏，介两郡以得聚，总三邑而增廛。横川委折，矗宇缠绵。岸以紫薇而荻悴，沼以芙蓉而香联。浦则飞鹤杳渺，塘则蟠龙蜿蜒。东寺西观，闾井回旋，花红树绿，景物鲜妍。非盘谷而弥丛茂，似曲水而可流连……”

这里距苏州府（今苏州市）90 千米，距松江府治（今松江区老城厢）30 千米，距嘉定县城（今嘉定区老城厢）、上海县城（今黄浦区城隍庙地区）、青浦县城(今青浦区老城厢)各25千米。蟠龙港水系将这里与周围四乡紧密相连,分而不离。因此,紫隄村规模虽不大,但"介两郡以得聚,总三邑而增廛",成为嘉定、青浦、上海三县交界的枢纽。

在紫隄村西南,有蟠龙港畔成市最早的蟠龙镇和观音堂镇(今凤溪镇),属青浦县东境。吴淞江北岸的江桥镇(今属嘉定区),与紫隄村关系密切,村人联结姻亲、来往迁居者众多。

历史上这里的建置区划变动频繁,以致地名长期难以规范。据当地出土的唐代陈琳墓志铭,当时这里为北平乡。宋代改北亭乡,嘉定县建立后,这里称临江乡,后又改为依仁乡。元代松江府设上海县后,这里划归上海县高昌乡。明代分立青浦县时,属北亭乡。弘治年间形成诸翟市,万历年间称诸翟巷市。数百年来,不断地划去归来,又因地跨两郡三邑,人们口音有别,造成当地地名千变万化,连各种府志、县志记载都音同字异,众说纷纭,有紫隄村、紫薇村、诸翟、诸荻(荻为多年生草本植物,本地称芦花)、诸地上、梓(梓树为农村常见乔木)地等。直到清乾隆三十年(1765),太仓州府在南翔镇设立巡检司署后,这里才正式定名为诸翟镇。据说得名是因为当年居住在白鹤村者均为诸、翟两姓。

设立"三界司"

据清康熙年间《紫隄村小志》记载,康熙二十三年(1684)东西一里、南北约半里的紫隄村内,居有三百多户。过了三十年,增至七百多户。

紫隄村内,长期仅有一员官府监税官驻足,疏于治理,容易成为盗贼积聚之处。为此,清乾隆三十四年(1769),太仓州府将巡检司署从南翔镇迁到这里,因涉及相邻三个县,故俗称"三界司衙门"。

巡检司署借用小泾河东岸的沈世浩(字玉书)家的房屋办公,管辖着嘉定县的十七个图、上海县三十保的七个图和青浦县三十三保、三十四保的八个图。

巡检司署首任长官是钟开声,广东岭南人,赐进士出身,曾任大理寺少

紫隄村侯氏故居位置图

卿，清正不阿，因直谏谪降，被贬至此。他在此任职三年后告老还乡。

乾隆三十七年（1772），李凤采（号五峰，云南人）调理太仓州司兼理诸翟巡检司。

嘉庆二十一年（1816），晚清文坛巨星、《海国图志》作者魏源的父亲魏邦鲁（1768—1831，字钟毓，号春煦，湖南人）到任。他性慷慨，好读书，喜游览，是思想家、文学家、旅行家，曾担任布政使林则徐的属僚。在此任职时，他调解民间诉讼，带领乡兵乡民缉捕盗贼，不但为人正直，还喜好风雅，爱交文人，督课生童学习，培养了不少人才。魏邦鲁还擅长医术，在他工作的地方，诉讼案件刚刚审理完毕，又开始为等候着的病人“审理”病情了。魏源少年时随父亲在此生活过一段时间。

嘉庆二十五年（1820），由胡廷宜（号杏树，江西人）接任。

清咸丰十年（1860），诸翟巡检司署毁于兵灾。同治六年（1867）重建。

1912年中华民国建立时，撤销了巡检司署，设自治局于文昌宫，属嘉定县十二乡。1927年，诸翟镇地区属一市二县分管，东南（今诸翟、红星、杨家巷、新家弄村）属上海特别市，西北（今陈家角、肖王庙、石皮弄、朱家泾村）属嘉定县，西南属青浦县。

建置的多变，没有影响老百姓的日常交往，更没有动摇紫隄村在人们心中的历史地位，反而使诸翟镇与周边四乡的人们均有“过去我伲是一家人”的共识。

诸翟古庙

据清康熙《紫隄村小志》记载，当地的主要寺庙有关帝庙、玄寿观、永福禅院、西关帝庙、青莲庵、双锡禅院（小涞庙）、萧王庙、净土寺（王家寺）等。其中，建造年代最早、规模最大的当属玄寿观与永福禅院。

玄寿观

玄寿观，位于诸翟镇东北单家浦（今洪泾港）北岸，始建于元延祐年间（1314—1320），相传有九座大殿，庙基有 20 万平方米，正殿供奉道教神仙中赫赫有名的真武大帝（又称玄天上帝、玄武大帝）。元至正年初（1341），本地豪杰钱鹤皋重筑大殿正脊，层高达 26 米，成为地方名胜。

玄寿观前，东有隆兴桥，西有虹桥，均跨单家浦。

明嘉靖年间，倭寇侵害紫隄村，玄寿观观舍尽毁。此后“二十余年蒿莱满目，巷无突烟，异时玄堂莲宇，尽属煨烬”。

万历十四年（1586）八月，道士李宪章、徐衍真等发动信众募捐，将附近的凌家庙改建成玄寿观，但规模狭隘，仅供香火。时任福建布政使司右参政的侯尧封应邀撰《玄寿观记》，辞曰：“于赫帝容，身御五龙，日采月华，伏魔飞空。于赫帝服，披发跣足，四大天丁，秉精执纛。于赫帝灵，龟蛇合形，精无变化，长育群生。于赫帝至，元光朱履，九凤八龙，锵锵济济。于赫帝往，惟惚惟恍，百千亿劫，功齐浩荡。”乡人勒石立碑。

明末，侯峒曾应玄寿观主持卢继庭道长之邀，书“瑞云凝鹤浦，灵迹镇龙江”木刻门联。

清初，道士顾道凝等重修玄寿观正殿。

同治年初，玄寿观又毁于兵灾，面目全非，仅存几间破屋，唯有几棵银杏树依然高耸苍郁。

1967 年，观舍余屋被全部拆除，遗址兴建诸翟中学校舍。

永福禅院

永福禅院，初名“永福庵”，位于诸翟老镇东首街口，因依傍大涞港，俗称“大涞庙”，规模虽然并不大，但地势轩敞，颇占形胜。寺内供奉文王吴芮（汉朝长沙王），与镇南供奉武王赵佗的双锡禅院（俗称“小涞庙”）为姐妹庙。《紫隄村志》记载，永福寺始建于元代，明万历年间大修，明末遭风雨侵蚀而坍毁，佛像移双锡禅院。清顺治八年（1651），乡绅朱若林等组织重建，移址三百多步。

自清咸丰十年（1860）至 1927 年北伐战争，时局持续动荡，连年兵灾，祸患难止，庙屋一再遭损。

1928 年时，永福寺内的佛像已经全部被毁，庙屋行将倾圮。而本地水旱不常，农业连年歉收，乡人认定必须重修永福寺，祈求神灵保佑，日子才会平安。

据 1932 年上海佛学总局《佛学半月刊》刊发的诸翟念佛会《诸翟永福寺重修落成记》记载，1931 年夏季，本地沈弥生、侯叔达等居士应乡人之托，发愿重修永福寺。然而，一年之中几经挫折。开始时，有人主张废佛，暗中加以反对。不久，乡人发现寺前隙地涌出酸泉，顿时轰动四乡，香火随之转盛。可没想到，香客与寺西小学的教员发生冲突，几乎酿成事端。沈弥生等出面调停，又引起误会。1932 年春，沈居士眼见办事棘手，就赶到苏州灵岩山寺，

请教号称民国四大高僧之一的印光法师（俗姓赵，名丹桂，字绍伊，号子任，法名圣量，字印光，自称“常惭愧僧”）。印光法师叮嘱“护持机缘”。初秋时节，乡人决意兴工。

1932年10月18日（农历九月十九日），重修后的永福寺终于落成，为恭祝观音大士诞辰，延请上海宝山太平寺的十二位法师到寺开光，诵经三日。信众达五千余人，盛极一时。

20世纪初，乡人在永福寺内创设诸翟小学堂及幼稚园。

20世纪50年代，寺庙改建为诸翟小学校舍，仅保留几间旧屋和两棵古银杏树。

寺前自古有双井，西井为元末钱鹤皋兵败后沉兵书战图之处，后来怀疑有鬼作怪而被填平，东井传为明嘉靖年间乡人抗击倭寇之地，被后人称作“倭井”。1963年，“倭井”被列为上海县级文物保护单位。“文革”期间，残存佛堂全部拆毁，古树被附近化工厂排放的烟雾熏死，几个老尼姑被勒令还俗。

1989年，“倭井”修复并建石亭，立匾（汪道涵书）纪念。

永福寺遗址现已开发为紫隄苑住宅小区，“倭井”今迁至纪翟路221号诸翟学校校园内。

汪道涵“倭井”题词

关帝庙

诸翟关帝庙的由来涉及侯氏家族。

侯尧封（1515—1598），初名栋，字士隆，号龙泉，改名后字钦之，号复吾，生于明正德十年（1515）十月初一。他读书十分勤奋，每当春季油菜花开时节，必与亲友相约到田间举行文社活动，尽兴吟诗作文，直至月上树梢才回家，被乡人称为“狂生”。可是，侯尧封苦读到四十岁出头，仍屡试不举。父亲侯廷用（字汝舟）为儿子的前程和侯家的未来焦虑万分。他一再求告关帝圣君：“吾儿幸歌鹿鸣，必建侯祠，奉香火矣。”

嘉靖三十四年（1555）春季，眼看临近乡试，侯尧封因家境困难，对继续应试有所疑虑。幸有同村的国子监例贡生秦渭（字汝清，号菊窗）一再鼓励他应试，并资助了赶考的盘缠。

当年八月，41 岁的侯尧封终于在乡试中考上举人。

为此，侯廷用欣喜万分，以为是关帝显灵，因此信守诺言，筹资在家宅左侧建造家祠，并恭恭敬敬地设立关帝圣君神位，左右侍者毕备。因关羽敕封为“义勇武安王”，所以侯氏家祠取名为“关武安祠”。

侯家扬眉吐气，在紫隄村内备受尊重。紫隄人引以为荣，读书风气随之兴起。侯尧封没有充足的经济来源，也没有显赫的家族背景，却有远大的志向，他靠自己潜心苦读，拼凑资金，一次次地进京角逐会试。

岁月匆匆，又过去了 16 年。

明隆庆五年（1571），年已 57 岁的侯尧封第 6 次赴京，参加辛未科殿试，终获二甲第七十四名。他前后花了 40 年心血，终于考中进士，金榜题名。

消息传来，侯氏父子异常兴奋，更加认为这一切全是关帝圣君显灵之效。

侯尧封出任湖广按察使司佥事之后，特意塑制了一尊关帝彩像运回家乡。这一尊关帝圣君彩像塑制得端严华灿，黝漆糁金。关公身披金袍，英姿勃发，令人肃然起敬。

于是，侯廷用决定择地扩建关武安祠，安置关帝彩像，以利壮大声势，让“神一家”扩展为“神一乡”，造福于大众。

新建的侯氏关武安祠大殿内，高高地悬挂起四方匾额，均用颜体恭恭敬敬地书写，分别为“德配尼山”“志在春秋”“道冠古今”“忠昭日月”。

侯尧封也特意挥笔题写了一副楹联：“一代文明承上谷，百年清白自弘农。”

侯氏将家祠转建成“神一乡”的关武安祠，义举惊人，远近莫比。信息一

传开，顿时轰动四面八方。从此，当地凡遇水旱、疾疫，四乡民众必定要前来祈愿，每逢农历五月十二日更是香火旺盛。乡人称之为“紫陧武庙”或“紫陧关帝庙”。

侯氏历代高风亮节，长期激励本地乡民，也使诸翟关帝庙不断得以修葺、充实。诸翟镇也随之人气日旺。

万历三十五年（1607），因风雨侵袭，紫陧关帝庙墙檐逐渐颓落。侯尧封五子侯孔鹤（字白仙，号五弗）、六子侯孔龄（字延之，号六好，又号思庵）捐资组织大修，自八月十五至九月初九，近一个月竣工。名士王圻为此撰写《重修紫陧关帝庙记》，由侯孔鹤书，侯孔龄勒石立碑。

清康熙三十四年（1695），里人汪干华捐置铁香炉，重数十斤，铸有“永佑”“皇图”等字。乾隆四十六年（1781），侯惟屏（字邦彦）捐出庙右房基地，由侯昌炳、侯昌焜、汪舜再次募资改建，使该庙扩容成规模。乾隆五十年（1785），侯昌炳新建了戏台。戏台有匾额曰“古今鉴”，由里人侯维镛（字景铭，号墨香，后名侯钟）书。从此，每逢岁时俗节，戏台演剧热闹非凡。嘉庆二十五年（1820），诸翟巡检司舒无春又募资为关帝神像更新底座，并在金阙殿中增设木围栏，以防秽亵。

咸丰六年（1856），《紫陧村志》记载：“碑久剥落难辨，稍为补缀可诵，迨庙移建后，碑又断没泥沙。嘉庆间，大参公六世孙锦文、景章觅得之，嘱西族侯钟重书，镘板珍藏。”

在咸丰兵灾中，诸翟关帝庙前殿及西侧文昌宫被毁坏。

光绪元年（1875），沈蓉、侯敞、朱孔彰等就殿基募建厅楼，厅供武圣像，楼为文昌阁。光绪二十九年（1903），戏台被毁。

光绪三十二年（1906），沈宗懋（字祖复）在关帝庙创办私立使觉小学堂。1921 年更名为诸翟小学校。

1937 年 11 月某天，侵华日军飞机入犯诸翟镇上空，一阵狂轰滥炸，关帝庙受损。不久，日军侵占诸翟地区，大肆掠杀，关帝庙逐渐成了一片废墟，仅后殿有幸避过了战火。

抗日战争胜利后，经清理，关帝庙后殿门前成了空场地。每逢四月十四,小涞庙庙会时人们借此地举行三天庙场,热闹一番。

1948 年春,地方人士发起募捐新建二层飞檐高楼,与后殿老屋相接。为欢庆大地重光,新楼取名“重光楼”,并特请民主革命家于右任题匾。这里从此成了当地集会场所,几乎停了香火。

1949 年后,这里几经周折,做过青年活动场所、民办初级中学教室,也做过公社办公楼、文化站。“文化大革命”期间,楼房改建,庙中塑像和重光楼匾全毁。唯有庙前一块空地,逢年过节时搭台演唱,仍称之为“关庙场”。但更多时为贸易市场,1977 年于此兴建银行用房。

“改革开放”后,地方人士“恢复诸翟关帝庙”的呼声引起了有关部门的关注。经有关部门批准,1998 年成立修复委员会,由群众自筹资金,1998 年春节前诸翟关帝庙得以恢复,并迅速改建修葺。1999 年 2 月 11 日对外开放,并举行迎神安座仪式。10 月 20 日,举行关帝圣君开光仪式,香火重又旺盛。2006 年 5 月 5 日,新建大殿落成,举行神像开光典礼。

1999 年 2 月诸翟关帝庙恢复香火

纪王庙千年沧桑

纪王庙，是古庙名，也是历史地名，简称“纪王”，今属闵行区华漕镇。原纪王城隍庙前的那棵银杏树阅尽人间沧桑，至今依然枝繁叶茂，而许多有关纪王庙的历史遗存却已经被忘却了。幸亏历代地方文献记载了纪王庙的兴衰，纵然遗迹不存，其历史故事依旧在流传。

当年，本地区有谚称“铜诸翟，铁华漕，纪王是只小炉灶”，似乎有轻视之意。然而，纪王人却自信地号称“小炉灶能熔铜冶铁”，这里自古充满传奇。

建　庙

当年的纪王庙位于镇东沿仓浦南岸，始建于宋代，奉祀汉将军纪信，又名忠靖祠、纪王祠，俗称“土地庙”。

纪信是汉高祖刘邦手下的大将，随刘邦起兵抗秦，曾参加鸿门宴。楚汉相争时，刘邦在荥阳城被项羽重兵包围，纪信冒死相替，出城诈降。结果刘邦得以突围，而纪信被活活烧死。刘邦夺取天下后，封纪信为忠靖王。元代名士赵孟頫有《咏史》诗云：

酒酣斫剑气如云，屠狗吹箫尽策勋。

汉室功臣谁第一，黄金合铸纪将军。

宋元时，这里有七户乡民临河而居，人称“七家村”（位于老镇新街口）。本地有传说称，纪信生前未见过海，嘱死后葬在海边可听得江潮声。为此，刘邦特意驾船沿吴淞江为其寻找安身地，行至“七家村”，见风水颇佳，决定在此为纪信建庙，还从山西运来了七棵银杏树苗种在四周，并在鹫山造了“纪信行宫”。

而史实是，宋元时期吴淞江潮汛施虐，势如项羽称霸，因此俗称“霸王潮”。乡民受害惨重，故沿江设立18座寺庙，分别祭祀18位功高名重的汉将军以镇之。纪王庙、萧王庙、彭越庙等皆列其中。明正德《松江府志》记载：“相传项籍为吴淞江神，屡有风波之警。唐时立汉臣七十二庙以镇之，萧（何）、韩（信）、纪信皆有祠宇，意纪信庙适在其地，编氓以是为保障水旱疾疫必祷焉。”崇祯年间本地名士侯峒曾（字豫瞻，号广成，天启五年进士）所撰《重建纪王庙碑记》也记载：“宋元之际，（吴淞）江阔十余里，湍悍迅激，非有功德者不足镇压之，故汉初十八元功多祀江上，韩、彭（越）、萧、陈（平）在今数十里间并称王云。”

兴　市

纪王庙一带因香火日旺而形成市镇。宋宁宗年间，这里属嘉定县临江乡。明正德年间，这里称作纪王庙市，集镇规模得以发展，镇区方广有一里许，市面日趋繁荣。

明嘉靖十六年（1537），嘉定知县李资坤（字伯生）热衷办学兴市，下令将纪王庙神像迁往佑圣观，利用庙屋匆匆创办社学（地方小学），引发了一场争执。

隆庆六年（1572），本地乡绅凌瀚出面请求知县邵一本之后，在社学左侧废地建造一屋，称作“纪王祠”，可惜力量有限，建得过于低矮窄小，难成地标。

崇祯六年(1633),本地已称为纪王镇。本地父老沈继周、张正中等见社学与纪王祠均已破落,深感不安,一再声称:“祀典之垂,有举莫废。顷吴淞湮塞,蒿莱百里,吾侪幸免鱼鳖之灾,不胜龟坼之苦。然犹相与含哺鼓腹,疫疠不侵者,皆神赐也。敢无康其灵。”乡人因此决定合力筹款重新建造庙屋。于是,“立庙三楹门称之,翼以两庑,缭以周垣,雄丽坚致,顿廓旧观”(遗址在今纪东村东弄),而旧祠屋索性改为社学用房。当时,紫隄村的侯峒曾返乡守孝,正在家中,应邀撰写《重建纪王庙碑记》,陈述纪王庙之由来,赞扬先辈抗霸精神。

盛　衰

清乾隆三十九年(1774)夏,嘉定名士钱大昕(1728—1804,字晓徵,号辛楣)应乡人之邀撰《纪王庙碑》碑文。钱大昕对纪信生平做了考证,并称“予少时授徒坞城东顾氏,往来过斯庙,拜谒神像,肃然起敬,屈指垂三十年矣。乾隆甲午夏,村中耆老寓书京师,令予文其丽牲之石,因作《神弦曲》,俾春秋歌以侑祀”。

乾隆五十五年(1790),在纪王镇南三里(今红卫村)新建淞南文昌帝君庙,俗称“纪王文昌庙”。

乾隆六十年(1795),本地区从“南翔厂(又称“都”)”划出,立“纪王庙厂(都)”,下辖十一个图。随着镇区规模的发展,乡民在镇西沿仓浦北岸兴建了一座城隍庙(又称“城隍祠”)。

道光元年(1821),乡人严德侯、任克昌、陆又蒙等集资重修纪王庙。“栋楹摧折者更之,版瓦残鬣者易之,墙垣倾坏者筑之。广其前楹,以象听事之房;关其后宫,以象憩息之所。或革或因,蔚然改观。”立《新修纪王庙记碑》,由张叶炯撰文。

然而,自咸丰十年(1860)起,太平军东进攻打上海县,在这里同清军和乡勇一再发生拉锯式交战,持续三年之久。纪王庙、城隍庙、文昌庙等均毁于兵燹。

兵灾平息之后，纪王乡民盼望重建古庙，祈求社会安定。

同治六年(1867)，乡人重建纪王庙，然而因一时财力不足，工程久未竣工。至光绪八年(1882)，终于建成大殿，重置“义炳荥阳”“功高三杰”“临江保障”等匾额。但是，昔日风光难显，香火一直不旺，仅以清明节为供祭日，因此俗称“土地庙”。

城隍庙银杏(400 年，编号 098，一级保护)

光绪三年(1877),文昌庙重建前楹,有殿堂九间,附房六间。

光绪十五年(1889),城隍庙重建,规模胜过纪王庙,每逢农历十月廿五日举办庙会,镇区随之重新繁荣起来,带动了地区发展,人口日盛。乡民临河而居,石板铺道,盛产棉布,靛业发达,竹器篾匠集聚,成为棉布生产销售集聚地。

民国十九年(1930)时,纪王镇市街南北、东西各1 000米,有商铺200余家,以大街中市及凌家弄最为热闹,所产白切羊肉风味独特,名扬八方。凌家弄人称“烟弄堂”,竟有12家鸦片烟馆。抗日战争中,这里惨遭侵华日军飞机轰炸,商市衰落。

20世纪50年代,纪王庙、城隍庙等香火中止,庙屋建筑先后被拆除或改作他用。

纪王乡向属嘉定县,1958年7月归属上海县。2001年,纪王镇并入闵行区华漕镇。

纪王文昌庙

淞南文昌帝君庙在纪王镇南 1 500 米(今红卫村),俗称“纪王文昌庙”,始建于清乾隆五十五年(1790)。

嘉庆十六年(1811)七月,本地张崇傃(字补庵,贡生)募款重建。特邀李赓芸撰《淞南文昌帝君庙记》,并勒石立碑。李赓芸(1754—1817),字生甫,又字许斋,号书田,嘉定县人。著名学者钱大昕入门弟子,乾隆五十五年(1790)进士。

咸丰十年(1860),文昌庙毁于兵灾。

光绪三年(1877),文昌庙重建前楹,时有殿堂九间,附房六间。

1964 年,文昌庙被拆除,就地建造文昌小学,后称“红卫小学”。

《淞南文昌帝君庙记碑》原碑流失。碑文录自光绪《纪王镇志》卷四《艺文》,全文如下:

世之奉文昌帝君久矣。唐宋两朝,屡加封号,至元之延祐而尊为帝君。近三四十年来,帝君灵迹益著。今皇上即位之年,帝君显神,却贼于七曲山,疆臣入告。明年,特敕建庙于地安门外,天子亲临荐香,行九叩礼,命礼官增入祀典。春秋仲月,祀以太牢,遍隶于天下郡邑。其崇奉之典,超越于前古矣。而吾邑淞南之文昌庙,在纪王镇南三里。先是，形家者相传两水夹东西，双流汇南北，星体占斯中，文光辉林木之貌。乾隆庚戌，里中同志始舍其地为庙，又购得他姓业扩之，庙四距村落皆千余步。蟠龙、嵩塘环其东南，虬江、俨浦绕其西北，中间支流曲溆，若钩若块，或拱或向，形家之言竟验。庙旁杂莳花竹，翁蔚成林。其外清池环绕，架梁以通往来。置香火田亩，守以戒僧。每当良辰令节，衣冠胜侣卫子弟，习礼其中，以涵泳圣涯，束身伦纪，乃次第举行恤嫠狸骴、惜字放生诸善事，亦各有田，以供支度。呜呼，岂非一隅之无量功德也哉！顾儒者多疑戴匡六星，不应有人主之，遂诿为道家之依托，则又不然。夫嵩岳降神，生甫及申泳于雅什，宝沈主大夏傅说，托列星载在传记。帝君生而为英，没而为灵，聪明正直而一，上应斗魁之精，显赫固有，在抑五经。孔孟之书，无不以阐发为惩劝。然而顽者昏焉不知，秀者习焉不察，惟帝君以殃庆感应之理，砭订人心，俾得涤虑濯躬，不至自外名教。则不特帝君辅世牖民之功，即揆诸神道设教之意，亦未尝少戾也。张明经补庵，为淞南人士祭酒，宝创斯举。适赓芸奉讳家居，属志其缘起，将勒诸珉，自忖梼昧无文，言不足重，而重违先生之意，遂述其梗概如左。赐进士出身、诰授朝议大夫、前知嘉兴府加四级，邑人李赓芸撰。时在嘉庆十有六年，岁次辛未孟秋之月。

《淞南文昌帝君庙记碑》

雪竹轩扬名

明代,吴淞江南岸蟠龙里附近,在上海县地界上有雪竹轩,为明代诗人冯淮(字会东,号雪竹,又号山人)所居宅院。冯淮祖籍昆山,原先住在安亭,后在此隐居不仕。而雪竹轩的扬名,关键是名士归有光为他的宅院撰写了一篇《雪竹轩记》。

归有光(1506—1571),字熙甫,号震川,世称"震川先生",江苏昆山宣化里人。明嘉靖十九年(1540)举人,之后参加会试,8次落第,遂徙居嘉定安亭,读书谈道,60岁方成进士。

冯淮喜爱赋诗,并获得大学者陆深(字子渊,号俨山,谥文裕)的好评。他十分欣赏归有光的文采,一再邀请归有光前来做客,并为他的雪竹轩写篇记事。而归有光一再推托,直到闻听冯淮卧床难起才动笔作记,让老友最终如愿。

归有光的文章风格朴实,感情真挚,被后人誉为"明文第一"。《雪竹轩记》被收入当代高中语文重要课外读本,足见是名家名篇。

根据《雪竹轩记》文中提示(在吴淞江南岸,蟠龙里附近,属上海县地界,离嵩塘很近),可确定雪竹轩位于今华漕镇境内。

《雪竹轩记》全文如下:

冯山人为予言："吾甚爱雪竹，故人以雪竹呼吾，因以名吾轩，请子记之。"予不暇以为，而山人求之数岁，或以诗，或以书，日月一至。予以山人所以得于雪竹者，山人自知之，岂有假于予之言？予是以旷岁而不答也。

山人少喜为诗，诗出而上海陆文裕公亟称之。先是，山人居昆山之安亭，及予来安亭，则山人已迁上海界中，与安亭隔一江。予尝过永怀寺，爱其古桂，坐久之。问寺中所往来者，僧曰："地僻，绝无人。唯有冯山人时时过江来，独吟桂树之下。"予后数见之于张通参之座。通参与湖州刘尚书为社会，二公皆称山人为笃实君子。

去年，山人年老矣，与通参游匡庐、武夷，还而示予《纪游诗》一编。予戏曰："冯先生之雪竹，必求之匡庐、武夷间耶？"今年，予买田青浦之嵩塘。山人与予书曰："吾近卜筑盘龙，与嵩塘近，子盍来观吾雪竹。"予性懒，不能谒青浦令，为其所怒，所买田几为夺去。予亦削迹兹土矣。

山人复遣其子来，曰："吾前告子雪竹轩，复移盘龙也，吾今老于此。子许我记，几年不能得。今吾旦暮死，惟欲得子一言，是吾心也。"予问山人起居。其子曰："去年与通参行郡中，老人目不能了了，道间有古井，无石栏，不觉越过之，几坠。自此不复出。每自叹曰：'匡庐、武夷不可复至矣，雪竹则何所无之？'"其子去，又数数书来。会予方北上，思欲一造山人之竹所而不能矣。因书之以告别，且使揭之楣间，为《雪竹轩记》云。

诸翟地区村宅名园

明代，诸翟地区的村宅名园众多，形成了一道独特的风景线。那些未走通仕途和半途退出官场的文士试图以一种悠闲、隐逸的生活态度消解胸中的块垒，摆脱尘世的喧嚣，躲避官场的凶险，并把文化素养转化为日常生活的组成部分。以不断趋向精致化、高雅化的生活方式，维持内心的自尊、自信和自傲。

在世外桃源般的乡野田园中，他们争相建宅抒怀，筑园追梦，体现诗性生活的风雅。文士雅居，不求豪华，自称草堂，而宅旁的花园争奇斗艳，是主人心中的天堂。

东园，位于永嘉里沈氏宅双鹤浦东岸。元代沈辉祖始建，有漱芳池、漱芳轩等景观，两株大可合抱的丹桂树令人注目。可惜后来毁于明嘉靖年间的倭患。

南园，位于西场角沈氏宅（即刘千户宅）。明洪武年间，沈辉祖幼子沈方野建，有侣鸥轩、浴鸥池等景观。

亦有东园，位于新嘉里沈氏宅（今属新家弄村）。明洪武年间，沈辉祖次子沈龙溪（字华二，号种德）建，有啸歌亭、弗告轩。可惜后来被逆奴所毁。清代，后裔在旧址莳花种竹，又建“余芳园”。

太初园，即进士侯尧封（字士隆，号龙泉）宅东园，位于紫隄村蟠龙江北

岸。明嘉靖年间建，栽苍藤、砧木、侧柏、梅花。园后即山池，土山亭榭，植修竹丛桂。

岁寒亭，种有桂花树而雅称“桂林森处”，位于侯尧封宅西偏。侯孔鹤（字白仙，号五弗）和儿子侯艮旸读书处。园内四季名花不绝，周围有柳，人称“柳庄”。

壶春草堂，位于朱家泾，为侯孔释（字季如，号四未）别业。

梅雪村，位于蟠龙港与虬港入口处的李厍里。侯孔龄（字延之，号六好）别业。栽榆、柳，竹、梅等，有花柳庄、明霞阁、丛桂轩。后环小池，栽荷花，上有小桥。

秦氏花园，位于方亭浦南。明代秦羽鼎建。有亭、榭、池、桥，中有双柑

诸翟村宅名园分布图

书屋,人称“花园头”。

拄颊山房,位于紫隄村五漕河东岸徐家老宅。明末进士徐天麟(字凌如,号退谷)建,有牡丹坡、木樨亭、梅花书屋。

借园,位于紫隄村北李家宅。清康熙年间,成为书法家沈荃(字贞蕤,号绎堂,谥文恪)住处。

第二章

文坛佳话

《三才图会》

王圻题名石刻

梅花源诞生鸿篇巨制

在闵行区华漕镇北部，吴淞江许浦渡口附近（今华漕镇许浦村），曾有一处享誉江南的赏梅胜地，人称“梅花源”。明代著名学者王圻隐居在此，编写了《续文献通考》《三才图会》《稗史类编》等鸿篇巨制，后被收入《续修四库全书》，为传承中华文化做出了重大贡献。

《明史·王圻传》记载：王圻，字元翰。嘉靖四十四年（1565）进士，授清江知县，调万安知县。升为御史，与当政宰相不和，出京为福建按察佥事，又贬为邛州判官。历任进贤、曹县两县知县，开州知州，官至陕西布政参议。奏请归家奉养父母，在吴淞江边筑一室，环室种梅树万棵，命名为“梅花源”。以著书为业，虽年过七十，仍日夜著书不停，直至三更。所撰《续文献通考》等书流行于世。

王氏家族

王圻（1530—1615），字元翰，号洪洲（初名堰，字公石，后为宗师改名），明嘉靖九年（1530）正月二十一日生于上海县高昌乡三十保。父亲王熠，字怡朴，以王圻贵，封奉政大夫、湖广按察使司佥事。母亲马氏，以王圻贵，封赠宜人。其先祖为避难自嘉定县迁到上海县西北境吴淞江许浦渡口附近

（今许浦村），始迁祖为王士衡。王圻自撰《王侍御类稿卷五·家乘序》云：

> 余家自嘉定迁上海，盖九世矣。始祖士衡公之父姓陈，以资称雄嘉定。嘉定在胜国时尚为州，故邑人呼为半州公。言其产居州之半也。高皇帝定鼎金陵，籍富民以实云贵，而半州名在籍中。全家远徙，独士衡以幼子抱养于母族王仲华氏，得免于是行，遂从王姓，而占籍于上海邑西之三十保。自始祖承王之后而仲华竟绝嗣。岂天将借王氏以启予族耶。始祖生高祖孟璇府君，家渐充拓，人咸称其有半州风。孟璇生曾祖守忠府君，则又倜傥，好修信义，表于乡邑，然孟璇之业稍衰矣。守忠生祖石泉府君，业儒不就，则以勤苦恢复旧业，且又以诗书课子若孙。而余得面受祖训，既兼怡朴府君朝夕督课，始克从科第起家。

王圻高祖父王孟璇；曾祖父王铁，号守忠；祖父王槐，号石泉。而浦东地区有王圻为“鹤沙王氏支系”之说，显然有误。

据乾隆《上海县志》卷七记载，九世祖王士衡在上海县三十保“梅花源”建有读书楼，王圻幼年时即在此就读。

王圻在家中为长子，无兄弟，有四个妹妹。他自幼聪颖，四岁即善读书，祖父曾抚着其头顶说：“是儿定科甲中人，若不类外氏，台鼎何难哉。”7 岁始习礼，10 岁负笈百里，拜师于盛如川先生。14 岁举秀才，补邑庠生。16 岁廪学官。王圻“少务实学”，攻读十分刻苦，据王圻表侄婿何尔复所撰《明故朝列大夫陕西布政使司右参议洪州王公暨配诰封宜人陈氏行实》记载：“公少务实学。凡性理大全，紫阳纲目，诸子百家，经生学士白首所未尝窥者，公皆淹贯，以故试辄魁其曹耦。守令皆倾心慕之……石泉公家号素封，岁有里徭，公以诸生往役，去邑四十里，还往必拈三题，且行且构，比到而文亦成，其攻苦如此。”

嘉靖二十九年（1550），王圻 21 岁时娶陈氏为妻。陈氏（1528—1608），享年 74 岁，生王思忠、王思义、王思孝，第四子夭折。

嘉靖四十三年（1564），王圻 35 岁时考中举人。

宦海沉浮

王圻《王侍御类稿卷五·家乘序》和何尔复《明故朝列大夫陕西布政使司右参议洪州王公暨配诰封宜人陈氏行实》,具体记载了王圻曲折坎坷的仕途生涯。

嘉靖四十四年(1565),王圻参加会试中进士。

嘉靖四十五年(1566),王圻出任江西省清江县知县,他为民精刻度,辑《精选绳尺论》,"未几而有度田之事,公循行阡陌间,摘其一,从舆中屈指计之,盈缩立见。人咸谓公指掌中有勾股法,毫发不敢欺。万历初,复下度田之令,诸邑纷纷。惟清江士民,竞谓已经王公度,尺寸不能增损,一仍旧贯,第移文报成事而已。"他还化解了清江与邻邑的田地之争,民众皆赞。

隆庆元年(1567),王圻调任万安县知县,刻《精选绳尺论》。他查明屠户杀人和徽商失窃两案,被邑民称为"神君"。他明察秋毫,消除不良之俗,被工部尚书朱衡(1512—1584,字士南)指为"循良第一,事比于西门豹之投巫"。

隆庆二年(1568)夏季,王圻以政绩升迁云南道监察御史。其间,王圻弹劾不避权倖,多次上疏。当时,赵贞吉执掌都察院,见王圻敢于上疏直言,极其看重。因张居正与赵贞吉不和,遂令王圻攻击赵贞吉。而王圻不愿意媚人,故被张居正记恨。高拱是王圻的座师(主考官),但与前首辅徐阶结怨。王圻曾写《上座师高中玄相公》,望高拱弃前嫌。高拱表面赞扬王圻,而实则认为他与徐阶是同乡人,不肯助己,遂生憎恨。

隆庆四年(1570),王圻 40 岁,二月间欲出巡视长芦盐区,未及往,被任命为福建按察佥事。当时,所辖汀州之连城县有朗村村民张文钦、陈文岱等人聚众数千,抢劫乡里。王圻设计擒获千余人,念其赤子之心而放归于田间,使其复为良民。经此一役,王圻本应受到嘉奖,但因高拱心怀不满,仅有白金之赏。十月,以御史原职,将王圻谪为四川邛州(辖大邑、蒲江两县)判官。

不久,稍迁进贤令,因母亲逝世,王圻匆匆归乡奔丧。

万历三年(1575),王圻守孝期满,即重返官场,暂补山东省曹县知县。“在曹平徭役、均赋税,曹人至今蒙公利。”

万历四年(1576)十二月,王圻调任四川省开州(今重庆市开县)知州。在开州,施行一条鞭法,减轻赋税,大力兴学,深得民心。后知青州,开州人苦留不得,为其建立生祠。晋江庄履丰所撰《开州知州上海王公生祠记》云:“上海王公之为开州守也,盖仅仅一年所而擢拜青州丞以去。命下,开父老子弟惶惶奔走相告曰:吾父母也!独奈何骤得而骤失之哉。谋所枳其车者,而是时青州民已迎之界上关,则聚识界上……”嘉庆《上海县志》“遗事”称:“王圻守开州,多惠政。去后,士民立生祠肖圻像。越三十年后修祠,见像腰间微有损处,即为整饬完好,而圻家居适患腰廊,旋愈”。

万历五年(1577)十二月,王圻转任青州同知。

万历七年(1579),王圻在青州主持乙卯科山东武举,作《乙卯科山东武举程策》。

这一年,王圻为嘉定、上海、青浦三县申请减折征收漕粮。结果,三十四、三十五保获准全折,三十三、三十八保也间有折漕之地,永为定例。据崇祯《松江府志》卷十三《荒政》篇所刊《学宪洪州王公圻议》一文中有平粜议、发仓议、倡义议、煮粥议、给粟议等内容。

万历九年(1581),王圻擢佥楚臬,备兵武昌,不久改湖广提学佥事。后因张居正败宦,楚人皆去官,王圻受到牵连。知情人为王圻扼腕,而王圻则怡然。

万历十年(1582),王圻以督学政主持壬午科湖广武举。

不久,王圻任中顺大夫资治尹,又授大宗宪(宗正寺卿,掌管皇族事务),还曾一度担任神宗皇帝朱翊钧的傅师。

万历十三年(1585),王圻调任陕西布政司参议。而这时其父身患重病,他不再留恋官场,决意归乡,称“古人尝恨忠孝不能两全,吾独得侍太公女箸,抑又何憾”。

万历十四年(1586),王圻终于获准归田,此时已57岁。相传,朝廷赐建十进九院府第以及“文宗柱史”牌坊。

隐居著述

王圻归乡后,"筑室淞江之滨",修葺祖传读书楼,在西侧建侣欧池,架石桥,垒土山,并植梅几千株,引水环绕,花开时节香飘数里,谓之"梅花源",王圻自号"梅源居士"。他由子孙相伴,在此"以著书为事,年逾耄耋,犹篝灯帐中,丙夜不辍",从而诞生了一部又一部鸿篇巨制。个人收藏图书甚富,被称为万历年间上海四大藏书家之一。

同时,在许浦入吴淞江处设手摇船摆渡口,人称王家渡、王家庵渡。

万历十八年(1590),王圻父亲去世,享年80岁。

王圻仕途坎坷,却心忧天下,归里以后仍然关心时政,致力于经世致用之学。

万历二十五年(1597)起,王圻主纂《青浦县志》,为青浦县第一部县志。

万历三十年(1602),王圻完成《续文献通考》二百五十四卷,时年73岁。次年,《续文献通考》刊行。

万历三十二年(1604),王圻整理刊行陶宗仪《增图本辍耕录》。

万历三十五年(1607),王圻与儿子王思义(字允明,太学生)合力完成《三才图会》初稿。因风雨侵袭,紫隄关帝庙墙檐逐渐颓落。侯孔鹤、侯孔龄便捐资组织大修,自八月十五至九月初九,近一个月竣工。王圻为此撰写《重修紫隄关帝庙记》,由侯孔鹤书,侯孔龄立石。

万历三十七年(1609)元月,王圻撰《王氏家乘》并序,且有《八十自述诗》云:

揽镜其如知发何,从衰入白更无多。
驻颜空泛宜春酒,拨闷高吟子夜歌。
岐伯不传医老药,鲁阳曾有挽天戈。
一觞珍重蓬瀛侣,管领东风到薜萝。

王圻墓

王圻晚年虽有痰疾，但步履视听不衰，每逢重阳佳节由儿孙相伴游览梅花源，吟诗尽欢。万历四十三年(1615)八月，自序《东吴水利考》，为绝笔之作。

当年闰八月十四日，王圻在家中无疾而终，享年86岁。神宗皇帝闻讯后，即派员御祭。据乾隆《上海县志》卷七记载：王圻以及父亲、儿子的墓葬在三十保十图东沙洪九曲口。有资料称，墓葬在十都腾圩(今嘉定区江桥镇高潮村七队)。

鸿篇巨制

王圻学问渊博，精于史事，谙悉典故，又勤于笔耕，一生纂辑著述达二十多种，八百余卷。主要著作有《洪洲类稿》四卷、《三才图会》一百零八卷、《两浙盐志》、《续文献通考》二百五十四卷、《谥法通考》十八卷、《稗史会编》一百七十五卷、《云间海防志》、《重修两浙盐志志》二十四卷、《武学经传句解》十卷、《东吴水利考》十卷、《明农稿》八卷、《古今考》二十二卷、《吴淞江议》、《洗冤习览》等，并主纂万历《青浦县志》。所注有《周礼》《武经》。

《洪洲类稿》四卷，凡诗一卷，文三卷，王圻提学湖广时自编刊行，其孙王谟又重刻。

隆庆二年(1568)夏季，王圻出任云南道监察御史后，开始纂辑《续文献通考》。在公务之余，搜罗了大批辽金元和明代文献史籍。在宋代历史学家马端临(号竹洲)所著《文献通考》的基础上，倾注35年的精力，于万历三十年(1602)编成二百五十四卷。《续文献通考》多分出节义、谥法、六

书、道统、氏族六门，计三十门，年代与《文献通考》相接，上起南宋嘉定间，至明万历初年止，时达420多年。虽然记载较杂乱，但据事节录，资料尤为丰富。

被盛誉为我国第一部图文并茂的百科式图录类书《三才图会》，又名《三才图说》，是王圻及其儿子王思义联手撰写的，成书于万历三十五年(1607)，共一百零八卷。“三才”是指天、地、人。王圻“少年从事铅椠，即艳慕图史之学。凡玑衡、地域、人物诸象绘，靡不兼收，而季儿思义颇亦棲心往牒，广加蒐辑，图益大备”。此书内容上自天文，下至地理，中及人物，分天文、地理、人物、时令、宫室、器用、身体、衣服、人事、仪制、珍宝、文史、鸟兽、草木等十四门，精而礼乐经史，粗而宫室舟车，幻而神仙鬼怪，远而卉服鸟章，重而珍奇玩好，细而飞潜动植。时令以下十一门为王思义所撰，全书又经王思义以十年之力加以详核，始成就绪。每门之下分卷，条记事物，取材广泛，所记事物，先有绘图，后有论说，图文并茂，相为印证。版画图像逾四千幅，其中人物画像五百九十六幅，从传说中的神农、伏羲等大神，到历代帝王重臣和文人义士，再到佛道两教、边远夷人乃至《山海经》中的神怪。

当今学校各种文史哲课本中的古人头像，大多来自《三才图会》。因书中图谱多取之于他书，间有冗杂、虚构之弊。有些地图改编自传教士带来的世界地图。

王圻晚年致力水利研究，主张治水先治要害，事疏导，利宣泄。以为：“修水利者欲先要害，惟先治长桥等处，导太湖之水入阳城(今称‘阳澄湖’)、昆城(今称‘昆承湖’，又名东湖，位于常熟)、三泖(又称‘华亭谷水’)等湖，而疏浚吴淞、娄江并大石、赵屯等数十大浦，泄淀山之水以入海，浚白泖、福山等港以泄阳城诸水注江达海。”并以为“导田间之水悉入小浦，导小浦之水悉入大浦，则潴泄而无阻塞，而农田国库永有利赖矣”。

《东吴水利考》十卷，共八册，撰于明万历年间。本书首列《东吴七郡水利总图》，书中所载详述了太湖地区苏州、松江、常州、镇江四郡水利情况，嘉兴、湖州则稍简略，而杭州郡未涉及。前九卷为《图考》，图并附说。后一卷为《历代名臣奏议》。

《东吴水利考》明万历年间刻本（浙江巡抚采进本，现藏北京图书馆）被列入《景印文渊阁四库全书》史部。2006 年，收入广陵书社《中国水利志丛刊》。

蒙训子孙

在梅花源，王圻一边读书著述，一边“草履布衣事农圃”。他对子孙立下《蒙训》称：

> 子孙才份有限，无如之何，然不可不使读书。贫则训蒙以给衣食，但书种不绝足矣。若能草履布衣事农圃，足不至城市，大是佳事。关中村落有郑魏公庄，诸孙皆为农，张浮邱过之，题诗曰：“儿童不识字，耕凿魏公庄。”夫仕宦岂能常哉？不仕，则农业可安也，不可以迫于衣食，为市井衡门之事。

王圻娶陈氏，生有三男二女，长子王思忠，任南京鸿胪寺鸣赞；次子王思义，字允明，著有《宋史纂要》《香雪林集》《故事选要》等；三子王思孝。孙辈有七男十二女。

王思义所撰《宋史纂要》二十卷（江苏巡抚采进本），被收入《景印文渊阁四库全书》。《四库全书总目提要》点评称：《宋史》极为烦冗，是书仅删存二十卷，可谓约矣。然班、范皆号谨严，而两《汉书》卷帙犹富。宋之历年，几于匹汉，而缩为寥寥数卷，谓事增文省，殆必不然。至以《辽金史》附宋之后，等诸《晋书》之载刘、石，尤南北史臣互相诟厉之见，非公论也。

孙儿辈中，王昌会、王昌纪苦读成才，闻名遐迩，时称“王氏二龙”。

王昌会，字嘉侯。万历四十三年（1615）中举人。后屡试不第，遂绝意进取，杜门读书。读书处称东园，内有藤龙阁、墨君堂等。松江知府方岳贡钦其风，聘修郡志，王昌会固辞。陈继儒作书劝驾，乃就。志中“赋役”“盐榷”

诸条俱出其手。晚年筑室吴淞江畔，门无杂宾。广堂宏厂，前列图书，后陈女乐，每花晨月夕，即开樽宴赏，翛然物外，时论贤之。终年58岁。著有《金史详要》、《诗话类编》三十二卷。儿子王灏，亦以文名，清康熙二十二年参与修县志。

《诗话类编》共有三十二卷，卷首有吴之甲（字元秉，号兹勉，万历三十八年进士，时任松江府推官）题辞。凡例说明编辑宗旨、内容、体例。本书重在掇拾古今诗坛嘉语，加以分类，凡二十九目：体格、名论、帝王、忠孝、节义、夙慧、科第、神仙、鬼怪、方外、宫词、闺秀、妓、题咏、考订、品评、鉴赏（诗赏、诗遇、诗弹、诗穷、诙谐、感慨、谶异、高逸、吊古、哀挽、梦幻、规讽、杂录）。收录较广，然不注出处，又不分人言己言。清宋徵璧《抱真堂诗话》谓"文芜而浅，其失也俗"。《四库全书总目提要》亦谓"摭拾诸诗话，参以小说，裒合成书"，为"博而不精之学"。《四库全书总目》著录于诗文评类存目，作"诗话类编"。今存万历四十四年序刊本。齐鲁书社《四库全书存目丛书》本据湖北省图书馆藏万历刊本影印。

王昌纪，字永侯，清康熙年间诸生。领康熙十四年（1675）乡荐。孝友纯诚，缵言励行。抚梅莳竹，以训其子。继承祖父遗书，复又手辑藏书万卷。坚持蝇头细书考校，至老不衰，手辑《十七史》四十余年。申酉以后，足迹不履城市。建有别业葆真园，内有芸章阁。终年86岁。著有《诗经大全注疏合参》（嘉庆《松江府志》作《诗经大全汪疏全参》）二十卷、《易经大全注疏合参》二十卷、《类海》一百卷、《阅古抡珠》、《读史抡珠》、《增补甲子会记》。儿子王颖。

王昌明，字良仲，诸生。其子王世奇，清顺治十七年副贡生。

王圻孙儿王谟在梅花源建新屋，取名贻清堂，人称王公祠，由侯峒曾题额，黄淳耀书联。同治《上海县志》卷十记载："王公祠，在梅源，祀圻。圻以折粮事，邑人德之，供长生位于福田庵之问梅堂。其宗祠在居第东，著作已梓者皆藏于祠。明季毁，清季重建。道光间，圻子侄改建。咸丰十一年，贼犯境，屡火而不毁，今存。"

曾孙王尔宾。

本土姻亲

王圻的妹妹嫁给紫隄村侯氏西族的侯士方(号盂田)。侯士方为“乡饮宾”,生三子。

长子侯孔学,字中寰,上海县学廪生。深受舅父王圻的关爱,万历二十八年(1600)为贡生。可惜,在随王圻入襄阳试院阅卷时,因遇火灾而不幸身亡,留下儿子侯万里。

次子侯孔时,字汝成,号涞水,上海县学庠生。个性耿直,仗义助人,享年 84 岁。

三子侯孔中,字云树,嘉定县学庠生。奉养双亲尽孝尽责。代兄抚养侯万里。生有六子,长子侯万钟,字仲容,14 岁为秀才,极有孝心。万历三十七年(1609)乡试中举人,次年春季会试名列通榜,授盐城教谕。万历四十八年(1620)冬,出城参加迎神会,受寒得病而亡,年仅 36 岁。侯万钟生侯泰源(字彦逢)、侯永源(后名世闻,字圣逢),均为乡间塾师,行为端正。

《三才图会》书中刊有侯孔鹤所抄写的《三才图会引》,署“孙婿蕲州侯孔鹤书”。侯孔鹤,字白仙,号五弗,侯尧封五子,上海县学庠生。他娶了王圻的孙女。

梅林余香

明代晚期,每年花开季节八方游客驾舟到梅花源来赏梅,胜似“小邓尉”,以致形成小集市,乡民称“梅源市”。

步入清代,经历社会动荡,“梅花源”逐渐破败。

明末清初著名诗人吴伟业(1609—1672,字骏公,号梅村,江苏太仓人)到过王圻著书地“王庵”,称“春日过其废圃,学宪所著数种,其版籍尚存”,特作《过王庵看梅感兴》诗,称颂王圻的治学精神:

地僻幽人赏，名高拙宦居。
客来惟老树，花发为残书。
斜日空林鸟，微风曲沼鱼。
平生贪著述，零落意如何。

康熙年间，时有上海城区书画名家沈白（字涛思，号贲园，晚署天庸子）悄悄到梅花源隐居下来，并在此终老，享年 80 岁。

其兄沈荃（1624—1684），字贞蕤，号绎堂，别号充斋。顺治九年（1652）进士及第为探花，授编修，累官至翰林院侍读学士、礼部侍郎。书法得家传，是康熙年间松江府最重要的书法家之一。

沈白手迹竹刻

沈白颇具才气，“年十一童试，卫学首拔，父不欲其与试，遂以布衣终”。他见兄长敢于直谏，“于民生利弊，人才得失，剀切详言”，却在康熙帝手下受尽折腾，便厌恶官场，不愿出仕，耿介不妄交游，绝意进取，便隐居到“梅花源”筑室“结绳书屋”，歌啸其中。

后来，父亲沈求（字舆可）也迁居梅花源，以诗文自娱，康熙十五年逝世，享年 75 岁，私谥寅愍。著有《梅源草堂集》《杜诗肄考》，辑《梅花集句》二卷、《箴言》十六卷。

沈白家悬父亲画像，晨起必拜，饮食必祝，终身如一日。

沈白书法清逸，诗有奇致。工真行草书，画山水纵横疏快，笔有情趣。一首《饮池上作》，神情极为潇洒：

言采红莲花，还吸碧筒酒。

狂歌夜未央，月出大隄口。

沈白还留下《贲园文存》《吴淞江考略》《樗亭稿》等著作，辑《临江唱和集》，吴伟业称其所撰《吴淞江考略》“皆经世之业”。

王韬在光绪元年(1875)刊印的《瀛壖杂志》中称：“邑西北向有梅源市，环植千百株，花时晴雪千村，暗香十里，游者谓不减苏台邓尉。夏首春余，结实繁盛，邑人取以贩诸远方。今园林已废，梅实亦变，多属寻常风味。”由此可见，至清末“梅花源”的梅林依然存在。秦荣光在1903年撰写的《上海县竹枝词》云：“王氏梅源数里花，树多成市水之涯。冷香雪浪春初盛，邑旧人人胜境夸。”

明嘉靖年间上海县图

老华漕的书香之地

陶南望与《草韵汇编》

明末清初，世居华漕镇陶家桥（即东陶村，20世纪末为华漕种子场）的陶然（字浩存）宁弃举业，专精医学，闻名四乡。他在所居草堂南岸栽梅树百余株，开春花开时与诸词客觞咏其中，至老兴不衰。终年66岁。

长子陶南珍，字瞻陆，号燮岩，继承家学，亦为当地名医。嗜酒好吟，有父亲风范。

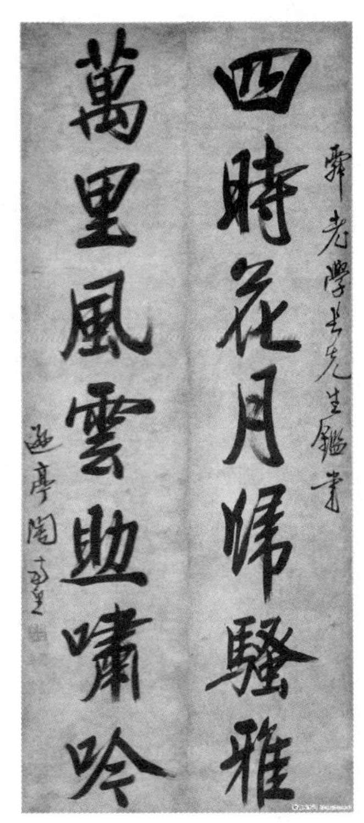

陶南望手迹

次子陶南望（？—约1751），字逊亭，号一篑山人。自幼工诗文，书法宗颜、柳体，骨力遒劲，论者谓其书法“能直追古人，而尤得草圣三昧”。一生隐居乡间，埋头书屋，阅遍古人法帖，著有《草韵汇编》《楚游日记》《逊亭集》。

《草韵汇编》二十六卷，为我国古代汇编草法字形最丰富的草书大字典。自清康熙五十一年（1712）起，陶南望收集历代草书家之字形，忙了近四十年，于乾隆十五年（1750）夏天始成此书，并作序称希望经过自己的努力，“使操觚之士，具众美于目前，汇群情于胸臆”，进而“集众人之所长，成一家之体制”。随后，他亲手刻制印版，并邀好友诸翟镇的侯昌言（字研云）、宝山的朱桓（字冈西）、金坛的虞景星（字东皋）和吴县的钱襄（字思赞）等一起研讨。可惜，他连刻平、上、去三韵共二十五卷，还未曾最后成书就积劳成疾突然去世。其余入声韵两卷由儿子陶锟和好友侯昌言等续编，最终完成刻版，多达一千四百多个页（即手刻了一千四百多块印版）。

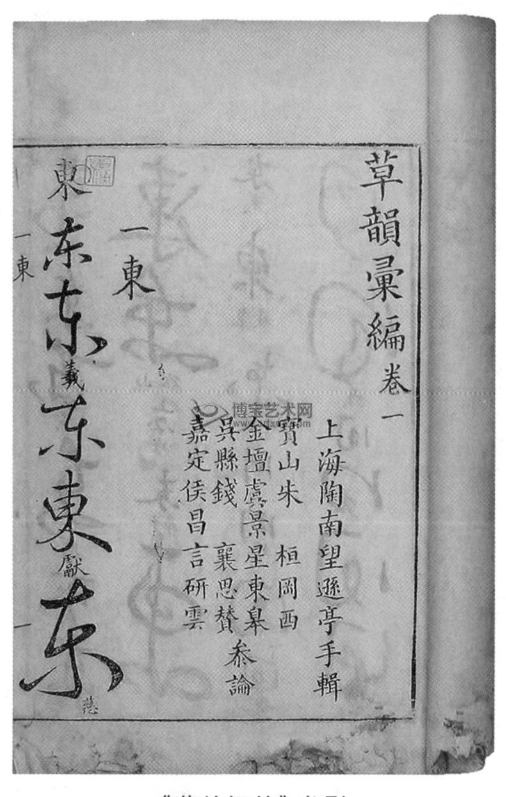
草韻彙編卷一
上海陶南望遯亭手輯
寶山朱　桓岡西
金壇虞景星東皐　參論
吳縣錢　襄思贊
嘉定侯昌言研雲
一東
東

《草韵汇编》书影

乾隆二十年（1755），《草韵汇编》二十六卷正式刊印行世。江苏巡抚庄有恭（1713—1767，字容可，号滋圃）和苏州诗人沈德潜（1673—1769，字确士，号归愚）作序，乾隆南巡时进呈。后被收入《景印文渊阁四库全书》子部，影响极为深远。

《草韵汇编》辑录了自秦代程邈至明代朱克诚共341位书家的草体字，为历代同类书籍之最。而且全书以清代官韵《佩文诗韵》分韵编次，共106韵排字，每韵部中字均先标以楷体，其下则辑集历代书家不同的草体，少或一字四五种，多或数十种。尽态极妍，美不胜收。每一草体下均注出书家名，其所取材，亦皆注明出处。所辑全部草体字，俱照原法帖钩摹，小则如豆，大如手掌，皆存原貌，不失纤毫。全书系统展现了我国古代草法的千变万化和草书的卓越成就，因此具有较高的实用价值和欣赏价值。

《草韵汇编》上下册，1993 年由北京出版社、1995 年由齐鲁书社出版发行。

陶南望孙子陶步蟾，字佑堂，号蒿园。上海县学诸生。亦工诗，善书法。

散在各地的陶南望书法作品，近年时常在拍卖行出现，如上海朵云轩藏品中有其作品（编入《朵云轩藏品第八集》）；再如浙江省德清县新市镇建有明清木雕馆，馆内藏有木刻楹联“金石风流传藻翰，蓬壶云气逼丹青”，为陶南望手迹。而在陶南望的故乡，人们几乎已经将他遗忘。乾隆二年（1737），侯梅（字逢年，武痒生）在诸翟老镇西街 43 弄 2 号建绍衣堂（俗称“侯家厅”）时，由陶南望题写匾额。

朱氏“葵轩”

元末明初，华漕镇南何家巷有名士朱木，字楚材，号静翁，专攻《左氏春秋》，兼长黄石公（道家）学。由明太祖聘用，朱木进京为官。永乐年间，上奏《安边十二策》，适榜葛剌国贡麒麟，又上奏《麒麟颂》，深见嘉纳。著有《静翁集》《静轩行稿》等。祖父朱仲云自苏州迁来，父亲朱克恭再迁居上海县城东。

朱木在何家巷建造“永思堂”，陶宗仪为之有记。其子朱元振，字寿梅，号怡闲，隐居不仕，著有《寿梅集》。其孙朱佑，字民吉，性孝友，亦工词翰，景泰元年举人，任南昌府同知。返乡后，朱佑在此“辟轩数楹，周匝植葵万本”，取名“葵轩”，陪伴母亲养老。正统四年（1439）进士钱溥（字原溥，号遗庵）为之撰有《葵轩记》。

诸氏兄弟名震词坛

诸云，字汉昭，号回轩，父亲诸日进。岁贡生，授颍州太和县学训导。父亲去世，返乡守孝，后补滁州来安县学，训士有方。年逾 40，因患血疾返乡。

在漳漕河畔自建漳溪书屋和素位堂，“早暮潮汐，汤汤汩汩走其下，四围竹木苍列。每晴日，渔歌鸟语遥相唱和，殊有境外之趣，足以悦耳而陶情。”“藏古人之书而读之”，特撰《漳溪书屋记》。享年84岁。著有《周易讲义》《漳溪书屋诗文集》《顿邱诗草》。

诸章，字玉相，号琢亭，太学生。为人重气谊，尤好抑强扶弱。因病，盲左目。酷爱诗酒，常与名辈拈韵飞觞，殆无虚日。晚年建心逸堂，娱老课子。终年57岁。著有《娜嬛室诗稿》《西垌诗集》。

薛鼎铭开馆授徒

薛鼎铭，字象山，号苇塘，清代上海县虹桥乡薛更浪（今属新桥村）人。父亲薛仁木，以医成名，言行谨慎。

薛鼎铭自幼善读，弱冠为县学诸生。清乾隆十八年（1753），乡试以五经考中举人。

首任苏松太兵备道、申江书院（敬业学堂前身）创办人翁藻（字朴存，号荻州，浙江仁和人）闲暇时常喜爱召集沪地诸生，讲释经书，丹黄文艺。他十分器重薛鼎铭，特聘其担任自己儿子的训导师。

乾隆二十八年（1763），薛鼎铭赴京城参加会试，获殿试三甲第二十九名进士。

乾隆二十九年（1764），在等待朝廷选用期间，薛鼎铭移居到紫隄村，在鹤龙桥西南的明志堂开馆授徒。据道光年间新嘉里沈复云（字成章，号守愚）《追怀同学》诗序记载，当时前来入学的学生有紫隄侯氏子弟侯丙德、侯君贻、侯藻临和本地沈复云、徐田瑛等，以及周边陆家角的陆粹中，松江的张渥沾、钱丕祖、盛麟、王翰，泗泾的秦孟亭、秦季亭，徐泾的赵卓霖、赵振青，七宝的陆望海，莘庄的张炳恒，西牌楼的张萃华，南汇的张伯元、杨心香，九团的沈嘉荫，青浦的蔡鸣雝、陆粹风、陆宝锟、戴象济、瞿振宗、赵灵原，西岑的倪宾肃、洪猷，飘湖的张时升，章莲塘的万慎修、孙占言，元和的陶观霄，千墩的李伦，观音堂的王观国，盛巷的顾在莘等，竟然多达三四十人，而且生源之广可涉及数县，实属罕见，当地学风随之重新兴盛起来。为此，沈复云撰诗云：

一堂济济话绸缪，尽道青云足下浮。
五十余年抡指数，金兰谱上几人留。

在明志堂执教时，薛鼎铭编写了一册《明志堂述训编》二卷，细述父亲遗训和自己的心得，以示子孙和学生，并邀请乾隆二十五年（1760）进士董锡嘏（娄县人，任龙游县知县）撰写序言。

薛鼎铭娶紫隄村汪若锦（庠姓赵，字蓉程，乾隆八年金山卫庠生）次女为妻。

后来，薛鼎铭出任浙江金华府浦江县知县。乾隆四十四年（1779），因遭贪官诬告，薛鼎铭谪居西湖。相传，晚年时曾居住在青浦小西门外，家宅毁于太平军兵事。

薛鼎铭一生笔耕不辍，著有《明志堂述训编》二卷、《墨谱》三卷（卷一《会元薪传》、卷二《论墨杂法》、卷三《劝学九条》）、《养蒙编》二卷、《桃研斋诗文稿》《春余吟诗文稿》等。清乾隆四十二年（1777），《养蒙编》自序付梓（同治九年重刊）。

薛鼎铭孙儿薛乃鲲（1822—1883），字凤三，号春畲，晚号病渔。国学生。贯通经史，下笔成文，岁科试札列为优等。他还兼通医理，清军驻扎新桥时，正巧疫情流行，就徒步进入军营，帮助救治。同治年初，为避兵祸，他与兄弟一起寄居徐家汇萧氏祠堂。当时，上海县知县刘郇膏闻听其名声，便聘其为北新泾团练局文牍，不久又推荐为儒学训导。光绪元年（1875），受紫隄村徽帮汪氏家族之托，薛乃鲲在汪永安《紫隄村小志》的基础上，辑修成《汪氏龙江支族家谱》，将相传十一代的龙江支脉世系做了梳理，并追

叙事实，一一载明，以传后世。光绪四年，参与编修《青浦县志》。晚年，寄居梅家弄西牌楼张氏凤翥堂，设帐授徒，学生众多，有的特从远道赶来。苦心孤诣，不求闻达，同青浦县熊其光、南汇县张文虎等名士相友善。卒年60多岁。著有《课余杂记》《云间同登录》《特秀集》等。《民国上海县续志》有传。

本地古代女诗人

元末才女钱蕖馨

元末豪杰钱鹤皋的女儿钱蕖馨（？—1360），字莲仙，小字月媒，华漕王湖桥人。她貌美而有奇才，诗文出众。钱鹤皋兵败之际，家眷闭窟自尽。钱鹤皋妻子萧芸孃、女儿钱蕖馨皆在内，后人称此处为“萧娘墩”。相传，钱蕖馨《绝命词》有“愁听楚歌空有泪，烧残秦火岂怜才。他年蔓草黄沙冢，驿路何人问马嵬”之句。

钱蕖馨有《仙闺集》二卷传世，清光绪四年（1878）被上海申报馆钱徵（字昕伯）、蔡尔康合编的《屑玉丛谈初集》石印本收入。

“上谷六龙”娶才女

明代晚期，紫隄村的发展进入鼎盛时期。

侯峒曾（1591—1645，字豫瞻，号广成）生有四个儿子：侯玄淙（幼年夭折）、侯玄演、侯玄洁、侯玄瀞。侯岐曾（1594—1646，字雍瞻，号广维）也生有三个儿子：侯玄汸、侯玄洵、侯玄泓。六位侯门子弟，自幼出众，整齐端正，都娶了好媳妇。为此，被乡人尊称为“上谷六龙”。

侯玄演（1620—1645，字几道），13 岁以第一名的成绩成为松江府学廪膳生员。其妻姚妫俞，字灵修，长洲（今江苏省苏州市）人，万历四十七年（1619）进士姚希孟（字孟长，号现闻）的孙女。有诗才，其《仲春十五夜大人言旋即别写怀》诗云：

白云天末和愁低，无限情怀怨曙鸡。
烟柳河桥残月小，疏钟古寺晓风凄。
百年幻影花枝老，廿载浮生草路迷。
一苇江头如可折，竺乾西去待相携。

侯玄洁（1621—1645，字云俱），苏州府学增生。文笔飘逸，尤擅长书法。其妻龚氏。

侯玄瀞（1624—1651，又名玄简，字智含），11 岁补松江府庠生。元配夫人张氏，未生育。后结识夏淑吉的表妹盛韫贞（字静维，华亭人），见其个性爽快活泼，十分中意。后由父母出面订下婚约。

侯玄汸（1614—1678，字记原，号秬园，又号甲寅再来人、月蝉、潜确），崇祯五年（1632）诸生。崇祯十五年（1642）中应天府乡试副榜。博极群书，究心经术，擅长诗文。元配夫人杜氏（崇祯四年进士、“几社六子”之一杜麟征之女），未生育。后又娶宁若生，字璀如，吴江人，明大理寺评事宁绳武的孙女，颇具文才。生下二子二女，儿子侯棨、侯来宜。

侯玄洵（1617—1638，字文中，号确斋），四五岁时身体肥胖，从小多病。嘉定县学庠生。其妻夏淑吉（1618—1661），字美南，号荆影，松江名士夏允彝的长女。她自幼读书通大义，善琴弈，工词赋，极富文采，人称才女。侯夏两家是世交，侯玄洵与夏淑吉从小就订了娃娃亲，苦于玄洵身体不好，拖到崇祯九年（1636）才成亲。谁料想，新娘过门才数月，侯玄洵旧病复发，一年后即去世了。时年 21 岁的夏淑吉就此守了寡，幸有个儿子侯檠（字武功）。她含悲写下《悼亡》诗云：

萧萧鉴玄夜，幽室生微凉。
眷言念君子，沉痛迫中肠。
音徽日以杳，翰墨犹芬芳。
灵帷空萧条，斋奠直荒唐。
举声百忧集，泣涕不成章。

侯玄泓（1620—1674，字研德，号掌亭，后易名玄涵，改字中德），嘉定县学庠生，师从黄淳耀，工诗文。博闻强记，熟悉经史百家、天文、地理。元配夫人孙氏，为明末杰出的科学家、军事家、登州巡抚孙元化（字初阳，号火东，高桥镇人）之女。后又娶章有渭，字玉潢，华亭人，罗源知县章简之三女。章家有六姐妹，人称“六朵金花”，与妹妹章有淑、章有湘并擅诗。其诗高旷神远，如《行园》诗云：

烂漫花如绣，闲行碧沼边。
浴凫还泛泛，无蝶自蹁蹁。
罗袂香风袭，纱窗翠篆连。
徘徊看落日，彩雾绚青天。

侯家这些媳妇大多为才女，时以清丽的诗词相赠答，或讨论经史，形成罕见的女诗群。可以想象，这个大家庭的男女老少团聚一起，吟风弄月，是何等温情脉脉。

岁寒亭避难

清顺治二年（1645）七月，嘉定城被清军攻破，侯峒曾及侯玄演、侯玄洁殉难。幸存的侯峒曾家人一夜之间成了新政权治下的罪犯家属，遭到追捕。紫隄村内外极不安宁，杀机四伏。

清顺治三年（1646）三月，侯峒曾幼子侯玄瀞幸免祸及，避居在侯氏老宅

院西侧的岁寒亭，这里曾是前辈潜心读书的地方，雅称“桂林深处”，此时遍栽柳树，人称“柳庄”。在这盘龙港畔的垩室中，侯玄瀞昼夜奋笔疾书，回顾父亲生平事迹，泣血编写出《年谱》，分上中下三卷。

侯玄洵与妻子夏淑吉曾在紫隄村山池西首“荆隐旧庄”避难。夏淑吉《移居旧庄》诗云：

四海尽风尘，桃源欲问津。
风来香入座，月静锦成茵。
花鸟酬知己，云山待主人。
王孙归去后，春色到东邻。

夏淑吉的父亲夏允彝在小昆山往西二里外的曹溪草堂投水殉节，时年50岁。夏淑吉带着儿子赶去为父亲守灵。一个雨雪冬日，她突然接到来自紫隄村的家信，即感怀赋诗：

尺素频传慰草莱，榭亭非复旧池台。
彤云未许蛟龙奋，琪树宁辞鸾鹤来。
黄竹歌声遥仿佛，玉壶风色好徘徊。
落梅深处无人到，脉脉心期更几回。

随后，夏淑吉迁到侯氏老宅的“岁寒亭”居住。不久，侯玄演之妻姚妫俞和侯玄洁的寡妻，相继来此地居住。夏完淳殉节后，其妻子钱秦篆也前来做伴。

夏淑吉得知龚太夫人投水自尽，连夜设法雇人打捞起龚太夫人的尸体，入殓埋在侯氏祖坟旁。随后又打点周旋，派人去松江运回侯岐曾的遗体，妥善收殓。料理好后事，又将婆婆金氏接到岁寒亭奉养。金氏无生育，后来收堂小叔侯峡曾的幼儿为嗣子抚养。

岁寒亭的几间旧房，俨然成为侯家寡妇们的共同归宿。她们要为养亲、抚孤和守节而在此苦度余生。

侯氏四贞

顺治八年(1651),侯玄瀞在灵隐寺悄然去世,年仅27岁。清廷不知真情,依然通缉追捕。于是,堂兄侯玄泓挺身代替入狱,竟然搅乱了官府的视线。

不久,章有渭在上海城内抱恨离世,侯玄泓只能在狱中哀悼亡妻,可怜至极。幸有夏淑吉筹借钱款前去营救,将其儿子侯棠抱回家抚养,直到侯玄泓获释。

章有渭去世后,夏淑吉与宁若生重访其生前闺房,当场步其生前诗韵写了一首追忆诗:

十年往事不堪论,凭仗清樽减泪痕。
独有云和楼上月,天涯还照几人存?

盛韫贞闻知未婚夫侯玄瀞之凶讯,便毁妆剪发,誓不改嫁。撰《怀湘赋》以明志守身。不久,父母相继亡故,以致颠沛流离,幸亏侯玄泓将她接到紫隄村来居住。

夏淑吉的儿子侯檠,字武功。从小聪明伶俐。深受夏完淳影响,14岁便加入文社,擅长诗词、古文,文采风流,被誉为"神童"。

顺治十年(1653),侯檠突然因病去世,年仅17岁。夏淑吉不由深感无望,便随母亲与宁若生一同离开紫隄村出家为尼。随后还有盛韫贞、姚妫俞、龚氏等削发为尼,定居龙江,共同度难守节。

夏淑吉改号龙隐,取法号神一,"夙具慧根,戒行不玷,禅诵勤苦,清修以终"。她感叹称:"吾数年来,三百六十骨节,交付太虚,更无系恋矣。"

出家为尼的侯家媳妇们,在夏淑吉的照料下过着平静的生活。然而世人不会知晓的是,她们以出身大家闺秀的柔弱之躯,承受着家国巨变的沉重打击,承受着一个个挚友亲朋的悲惨逝去,承受着生存与死亡的苦苦追问,承受着荣光与耻辱的百般煎熬，那需要何等的毅力和勇气啊！

顺治十八年（1661），夏淑吉寿终，年仅43岁。著有《龙隐遗草》及《杜关语录》一卷、《升略问答》二卷。其《梦游天台》诗云：

石梁飞度接花茵，殿阁经行觐胜因。
香气入衣初不触，钟声到耳迥无尘。
木童石女宾中主，翠竹黄花觉后身。
忆旧临风三叹息，碧潭明月影磷磷。

不久，姚妫俞、龚氏相继去世。盛韫贞为她们三位立传之后，也匆匆离开人间。她所撰《夏淑吉传》，情辞凄婉。盛韫贞取法名静维，号寄笠道人，有《寄笠遗稿》行于世。其《夜坐》诗云：

残灯照帘幕，楼阁有余情。
落叶堆蛩砌，凉风吹雁声。
暮蝉愁里听，河汉望中横。
独坐悲秋夜，疏棂淡月莹。

《秋宵对月》诗云：

夜静天地凉，凭楼独凝眺。
烟树色离离，云山望中杳。
万籁寂无声，数萤流木杪。
青灯照罗幕，残叶铺池沼。
悲哉今古情，乾坤徒浩渺。
忧怀自苍茫，至意漠难晓。
姮娥知我愁，流影来相照。
当持金石心，千秋同皎皎。

康熙十三年(1674),侯氏族人将她们一齐合葬在“侯家坟山”的节孝阡,人称“侯氏四贞”。

不改家风

侯峒曾之女侯怀风,也爱诗,多伤感昔,深沉悲壮。其《感昔》诗云:

黄河水流响潺潺,当日腥风战血殷。
大地尽抛金锁甲,长星乱落玉门关。
居延蔓草萦枯骨,太液芙蓉失旧颜。
成败百年流电疾,苍梧遗恨不堪攀。

侯岐曾娶俞氏,生四女。长女嫁昆山王志峻。次女侯怀贞,嫁昆山顾天逵。三女侯蓁宜,字俪南,嫁诸生龚元侃(字得和,号南溟),家甚贫,闭门织麻,有偕隐之志。

侯家遭难后,侯蓁宜闭门埋头纺织,家中甚贫,但其志不改。长于诗词,著有《宜春阁草》行世。撰有《遗怀》诗:“三旬九食贤人厄,麦饭葱汤妇道乖。”另有一首《病中述还》诗云:

秋风策策雁来迟,病况缠绵强自支。
有药难医贫到骨,无钱可买命如丝。
燕台梦隔三千里,槐枕肠回十二时。
儿女关情谁判遣,聊凭一纸寄君知。

本地明清书画家

明清时期，当地以陶南望、侯敞为首，形成书画家群体，名家辈出，享誉沪上，被列入《中华古代名人录》（中华博物审编委员会编）。

侯　敞

侯敞（1821—1900），字尚文，号梅杉，晚号淞南居士。世居华漕镇侯家角。清道光年间诸生，增广生，长期隐居不仕。平生淡泊，不求闻达，于天文地理、医卜诸术无所不窥，弦琴弹棋、吹箫品曲无艺不精，九流之书无不涉猎，其诗、书、画尤称三绝。曾与其兄侯绅（号蓉坪）、次兄侯敦（号农山）合撰《同怀诗草》（同治元年刻本）。

侯敞迁居诸翟镇西街43弄2号绍衣堂，俗称"侯家厅"，乾隆二年（1737）侯梅所建，陶南望题额。光绪二十六年（1900），侯敞去世，享年79岁。著有《自怡赋草》二卷、《资画录》十卷、《读史论补》三卷、《胜迹联珠》三卷、《四书姓氏考略》，辑《诗句拣金》《名诗碎锦集》等。

子侯宝一，字子杉，亦工山水画，精堪舆术。

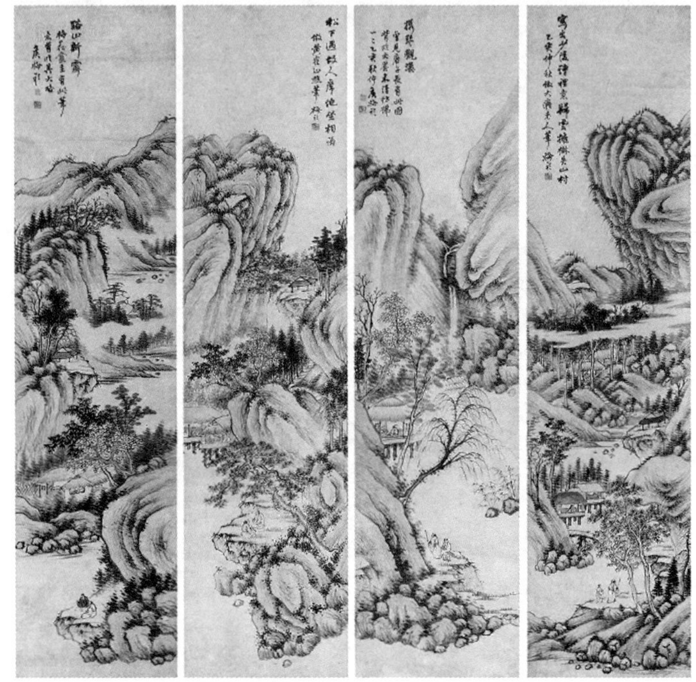

侯敞山水·四屏

侯敞扇面作品

侯承庆

侯承庆(1780—?),字灿东,号云岩,又号古白鹤村人,紫隄村侯氏东族传人。清嘉庆年间上海县学诸生。喜爱花卉,擅长篆、隶、正楷。修族谱,续修《紫隄村小志》,续辑《淞南诗钞》。

侯孔鹤

侯孔鹤,字白仙,号五弗,明代紫隄村人,侯尧封第五子。年轻时丧父,便放弃学业,玩世不恭,独来独往。在侯氏老宅院的西侧,建有岁寒亭,是侯孔鹤与儿子侯鼎旸、侯艮旸潜心读书的地方。

因曾经梦见一位身穿白衣骑白鹤的老翁,侯孔鹤便以"白鹤"自居,醉心于神仙之术。他沉潜书法,醉情图画,流连诗酒,精通风水。在旁人眼里,侯孔鹤无整缮之衣,无济楚之冠,放浪形骸。不善操持家业,家中门多脱楹,窗多断棂,上无完好之瓦,下无圆润之板,雨不崇朝,泥能没屐,是侯氏家族中最贫寒的人家。儿子"士不遇时,农不逢年",虽贤却贫,但他并不为此忧愁。孙儿尚幼,他也不照顾。他爱饮酒,家中却不藏酒,时常在外喝得大醉。有人说他是"活神仙",也有人称他是"狂生"。其实,他是乐天知命者。

侯孔鹤工诗,善草书,而画尤精美,有《白村堂帖》传世,为明清书坛著名法帖。万历三十五年(1607),侯孔鹤、侯孔龄重修关帝庙。享年74岁。

兄长侯孔释,字季如,号四未。诸生。亦工书法。在朱家泾自建壶春草堂。

侯艮旸

侯艮旸(1620—1703),字兼山,号石庵、石厂、硕盦,明末清初紫隄村人。侯孔鹤之子,侯峒曾叔父。弱冠为嘉定庠生,因明末侯氏家族抗清斗争而受牵连,以事谢去。撰《招友》诗云:

蟹近重阳味渐佳，不须愁到酒难赊。

临池得句期笻过，会看芙蓉月下花。

侯艮旸墨迹

侯艮旸《仿唐寅春云花涧图轴》

侯艮旸工书法，草书苍劲有力，善画驴。画用草书法，别出新意，跃跃欲动，画山水亦苍秀。曾作《紫薇江图》，装为手卷珍藏，不轻以示人，后被爱者损坏，使其茫然终岁。康熙三十六年（1697），78岁作《仿唐寅春云花涧图轴》（著录于《中国古书画图目》）。次年，作《书为栖云年翁扇》和《七言绝句轴》，流传至今，由南京博物院收藏。这年天贻节，他为栖云年翁所书的扇面诗云："天门佚荡网宏开，肄业成均重楚材。彩袖蹁跹元凤翼，霜蹄蹀躞是龙媒。抽毫欲展千人敌，制锦先施百里才。从此胜骧皇路近，直看名氏满金台。"康熙四十二年（1703）逝世，享年86岁，私谥贞寿。著有《假我草诗集》《吉凶至情文集》《上谷四贞集》《石庵遗稿》《贞孝遗稿》等。

黄朝鼎

黄朝鼎，字调原。因贫废学，即知勤力佐养。稍长从师学习绘画，工写生。获赠恩师所藏明代大画家曾鲸（字波臣）的十余幅手稿，得益匪浅。祖母年高卧病，无力医治，他行孝割股肉作糜粥喂养。年近30岁未娶，因患痨病而身亡，乡人齐惜之。

陶步蟾

陶步蟾，字佑堂，号蒿园，陶南望孙子。清末诸生。亦工诗，善书法。墨迹留传较少。

侯士鹗

侯士鹗，字翼云，号雪亭，侯家角人。太学生。自幼师承陶步蟾，后专攻书法，风格出入颜、柳之间，诗、画亦有逸趣。生性恬静，间以其余修植花卉，饮酒赋诗作画，有高人之风。终年68岁。

侯士鹗《墨竹》

本地清代地方志

清康熙五十七年(1718),《紫陒村小志》辑成稿本。时有乡儒汪永安,字存夜,号叟否,祖上为安徽平阳人氏,虽是诸翟镇的外来户,却是位有识之士。其祖父汪之鲲在紫陒村经商四十余年,为人友善。父亲汪起,从小被困在店中,却好学不倦,生下五个儿子,个个有文才。汪永安是其幼子。自幼身弱,常恐不寿,故自号叟否。筑书房称吟巢,潜心养性,读书著述。他担忧紫陒村的往事旧迹“俱在苍茫明灭间”,若不记载,恐将永远遗忘,决意“网罗旧闻,条列体例,考之志乘,询之村耆”。汪永安是侯兑旸的女婿,对侯氏家族知根知底。

为此,汪永安与侯棠(字悦舟,号南荫,侯岐曾之孙)一起忆往事,征文献,着手编写。后又有秦立(1660—1733,字与参,号云津、芝斋)等一起辑稿,苦心考证、积累十多年,终于辑成《紫陒村小志》,凡三卷二十三目,有十万余言,如实记载了紫陒村的风土人情和因革变故。即邀请一生执着于科考的“疁城八子”之一王晦撰写序言。卷末,有汪文学(字莱附)作后序。汪永安在书中作《拟古乐府自弁》表明心迹,撰写的《紫陒村赋》可称传世之作。他著有《地理辨证发微》三卷、《考工记图释》、《札记合参》、《古文草》、《拟古乐府》、《恰云诗集》、《吟匏诗余》等,其子汪宜耀(字士云,号譬庵)为贡生,

任舒城训导，好学不倦，文才出众，一生著作甚多。

《紫隄村小志》辑成后，未能刊印传播，藏在竹箱内，仅在同好中稍有流传。当时另有《紫隄小志》，与《紫隄村小志》篇目大体相似，某些条目详略有异，这是当地已知最早的地方志书。1962 年 4 月，上海市文物保管委员会将其列入《上海史料丛编》刊印。

《紫隄村志》是《紫隄村小志》的续修本，成书于咸丰六年（1856）。由里人侯承庆（字灿东，号云岩，紫隄侯氏东族传人，嘉庆年间诸生，书法出名）、朱孔阳（字寅谷，号郃裳）续修。不料，续修未成，两人于道光二十年（1840）先后离世，以致仅有极少传抄本。

所幸时有世居新嘉里的贡生沈葵（字心卿），讲学四十余年，著作颇丰。其祖父沈复云（字成章，号守愚）善作诗，尤长古风，又涉医、卜之学。沈葵见侯承庆、朱孔阳壮志未酬，而《紫隄村小志》辑成迄今已有一百余年，“其故老之前型，乡村之遗事，已几渺不可溯”，若再不续修，则后人更难求其遗绪。于是，他毅然以衰龄老弱之躯，独任增补续修之事。“就童时所闻诸故老，且采诸各家遗编”，花了十余年功夫，奔走采集，独对孤灯，终于在咸丰六年（1856）增补纂成《紫隄村志》。全书扩为八卷四十二目，字数超过二十万言。内容除增补雍正、乾隆、嘉庆、道光、咸丰五朝遗事、人物外，另就旧志冗杂琐屑处修削润色，并调整篇目结构，成为翔实完备的一方全史。

从《紫隄村小志》到《紫隄村志》，历三代人之手，前后赓续一百三十八年之久，前仆后继，矢志不渝，实属不易。

1961 年 10 月，《紫隄村小志》列入《上海史料丛编》刊印。2008 年 3 月，《紫隄村志》经闵行区区志办公室校勘整理后由上海古籍出版社正式出版。

清康熙《淞南志》八卷为诸翟、纪王两镇合志，秦立（1660—1733，字舆参，号云津，诸翟镇人）撰，成于康熙六十一年（1722），钱大昕题序。详记稻种、木棉、棉布、香芋、四鳃鲈等特产，记有明隆庆三年（1569）海瑞疏浚吴淞江事迹等。

清代，张震高，字闻洽，号谱庵，撰有《临江乡小志》二卷，记纪王乡事，但未见稿本刊行。

光绪二十二年(1896)，纪王庙镇诸生曹蒙，字起溟、孔昭，号桐孙，纂修《纪王镇志》，未刊。宣统三年(1911)，里人陆鸿诏最终修成稿本四卷。记形胜、风俗、水道、名迹、人物、祥异、轶闻等。以地处盘龙江侧，历史上多洪涝，重于水道、水利治绩记述。稿本今藏上海博物馆。

本地清代名医

清代初，新嘉里（俗称“新街弄”，今新家弄）有沈暹，字震彩，以“舌耕”糊口，手抄医方书籍数百卷，乡人称奇。

康熙年间，陶家桥陶然（字浩存）和长子陶南珍（字瞻陆，号燮岩）均为当地名医，乡间人称“请得陶郎中，瘟鬼无影踪”。

道光年间，沈复云又涉医、卜之学。传曾孙沈祖铣，精通医学。

石皮弄村楼里宅有沈詹云（字敦堂），精妇科，远近驰名。其子沈小亭，其孙沈云岩，专治妇科杂症，尤精胎前、产后、月经、带下诸症。对妇女不孕症亦有研究，注重“种子必先调经”，认为“月经不调，必不受孕；即使有之，亦不全美”。

清末，沈云岩之子沈月卿、孙沈杏山、曾孙沈其荣，均为本地知名中医师。

沈氏家学至今已传六代。沈杏山女婿张永章在当地创办诊所，继承沈氏妇科，擅长医治不育不孕症。

第三章 著姓望族

侯峒曾画像

侯岐曾画像

侯峒曾满门忠节

侯峒曾(1591—1645),字豫瞻,号广成,谥号忠节,明代紫隄村(今属华漕镇)人。天启五年(1625)进士,历官兵部主事、通政使左通政。清顺治二年(1645),以民族气节和人格尊严为重,率全家共赴国难,殊死守卫嘉定城,满门蒙难而坚守忠节。

三世英名

华漕镇的诸翟老镇,明代时称紫隄村。紫隄侯氏东族世代且耕且读,家风严明,英才辈出。侯峒曾的曾祖父侯尧封(1515—1598),字士隆,号复吾,明嘉靖三十四年(1555)八月,41 岁考上举人。隆庆五年(1571),57 岁第六次赴京应试,终于考中进士。

侯尧封官至监察御史,在官场二十多年,始终两袖清风。万历十八年(1590),乞老归里,时年 74 岁。随着家庭成员的扩大,他以身作则,严明家风,希望建立一个正统规范的大家族。时常教诲子女说:“不愿尔等为第一流官,但愿尔等作第一流人。”

侯峒曾的父亲侯震旸(1569—1627),字起东,号吴观。万历二十二年(1594),乡试中举人。万历三十八年(1610),考中进士,官居吏部给事中。

娶嘉定名士龚锡爵之女龚氏，生侯峒曾、侯岷曾、侯岐曾。三个儿子于万历三十三(1605)同取秀才，被江苏学使誉为“江南三凤”。

天启五年(1625)，侯峒曾也中进士。仅53年间，侯家四代三中进士，名声大振。

慷慨出征

崇祯十一年(1638)，侯峒曾任提督学政江西布政司右参议兼按察司佥事。五年后，调任浙江按察使司左参政。崇祯十六年(1643)十一月，称病辞官，决意回乡。

次年春，农民起义军攻占北京城，明王朝崩溃。清军趁机入主中原，随后向江南攻城略地，摧毁南明弘光政权，直逼上海地区。清顺治二年(1645)闰六月十二日，清廷下达《剃发令》，嘉定民众抗暴政爆发起义。在病床上的侯峒曾闻讯告诫子孙：“四郊多垒，乡大夫之耻也。吾家世受国恩，余虽儒生，不能荷戈先驱，然捐生报主，实为素心也。区区桑梓之地，夫复何辞?”并连夜拟定计策，派人转告正在嘉定县城舅家的儿子侯玄演与侯玄洁，速将手书战书张贴城门口。

闰六月十六日，清军逼近嘉定城。侯氏兄弟挥旗击鼓，激励民间武装出城迎战，结果仅有七人返回。侯峒曾闻知战况，急忙给挚友黄淳耀写信，请其从戎应战。

闰六月廿二日清晨，侯峒曾率领家人按约汇集在祖坟墓园，宣誓出征。母亲龚恭人深明大义，率媳妇们取出所有首饰，递交给侯峒曾：“给吾儿犒军了!”这一天，嘉定城楼上矗起“嘉定恢剿义师”大旗，守城义兵有十万之众。侯峒曾与黄淳耀被公推为首领。

绝缨家书

侯峒曾亲自把守县城东门和北门，年仅26岁的侯玄演和25岁的侯玄洁

为左右手。在酷暑之中，侯氏父子捐尽资财，置备守城器材，疏通粮草来源，制定防御条约，统管全城军民。清军围困嘉定城，守城义兵孤军作战，粮尽弹绝，依旧知其不可为而为之。

闰六月二十六日，侯峒曾登上城墙，不见乡民踪影，回到房中即取来笔墨，致信侯玄汸、侯玄涵，令设法筹款，送嘉定城救急。想起近日侯岐曾力劝老母亲避居紫隄村时，龚太恭人曾说："我老而不死，倒能看到儿孙为国牺牲！我不久将继至，我儿，加勉！"因此，在信末特意叮咛侯玄瀞要全力照顾好龚太恭人。

侯峒曾《与侄书》又称《绝缨书》。书简略同横卷，全文323个字，虽仓促间走笔，仍行款齐整，书法遒劲，有幸被后人保存至今，今由上海历史博物馆收藏。

壮烈殉难

七月初三日，清军援兵至，大举攻打东门，久攻难破，动手挖掘地道，企图穿越城墙。侯峒曾率众忙浇热油，运人粪，灌入地道，用长矛奋力阻挡，又将清军击退。

七月初四日五更时分忽降暴雨，城内积水盈尺。乡勇手中弓箭用完，只能用砖石击敌。暴雨刚止，清军发动炮击，踩云梯破城。侯峒曾眼看娘舅家的龚孙玹力竭阵亡，怒火中烧。侯玄演、侯玄洁急问"如何是好？"侯峒曾拔剑呐喊："与城共存亡，一死而已。还用问吗！"他命二人撤下。侯氏兄弟誓死不从。侯峒曾不由长叹："嘉定城亡，我何忍独存。所痛者是全城百姓要遭殃了！"侯玄演劝说父亲："你非守土之臣，暂且忍一忍，以图再举。"侯峒曾不应，径直走进侯氏祖祠，恭敬拜辞。两个儿子相随礼拜，恳求父亲赶快出走。侯峒曾说："我死志已决，不必多言了。祖母健在，代我好好侍奉，为何光恋我？"两个儿子恳求同死。侯峒曾神情激昂："你们随我而死，并非尽孝。走吧！"说罢，大步走向后园叶池，仰天长叹："吾头尽可断，吾节不可移。"纵身一跃，投水自沉。耳闻父亲誓言，侯玄演对侯玄洁说："我是长子，从义是分内事，兄弟你快走！”侯玄洁争辩：“兄长！你是长房长孙，要恪守宗祠，传承家族。由我从义才适当啊！”兄弟俩争执不下，相抱同呼：“我等头尽可断，节不可移！”相继投水，慷慨殉难。

清军蜂拥入城，嘉定城内血流成河，史称“嘉定三屠”。

满门忠节

嘉定城破时，侯岐曾送母亲避乱而幸免遭祸。幸存的侯氏家人先后回到紫隄村隐居，龚太恭人得知娘家亲眷、夫家子孙一个个在战火中惨死，悲痛欲绝，率领家人为殉难者收尸落葬后，对侯峒曾夫人李氏说：“如今我尚存一儿子，你也还有个儿子，侯家香火不绝！”

清顺治三年（1646）三月，侯玄瀞避居岁寒亭，昼夜奋笔疾书，回顾父亲生平，泣血编写《年谱》三卷。清兵追捕而来，侯玄汸帮助其出逃，后转到杭州灵隐寺守戒，自己改名换姓，四处流浪。六月间，李夫人得知嘉定城内的

侯峒曾、黄淳耀塑像

娘家人已被清兵满门杀绝，决意殉节。她给婢仆留下遗书，恳求各自设法避难，还特意在东厢房右墙角埋藏五百金，并给老仆柳恩单独留遗书，拜托其照料年幼的孙儿。

顺治四年（1647），侯岐曾为保护好友陈子龙，遭清兵捕杀。龚太恭人投水殉节，侯岐曾妾刘氏、侯玄泓妻孙氏等相随身亡。侯玄洵妻夏淑吉等为其料理后事，又将婆婆金氏接来奉养。岁寒亭成为侯家寡妇们的共同归宿。顺治十八年（1661），夏淑吉、侯玄演妻姚妫俞、侯玄洁妻龚氏、侯玄瀞继室盛韫贞相继去世，后合葬在“侯家坟山”节孝阡，人称“侯氏四贞”。为避遭劫难，侯氏后人大多改姓，相约不应试入仕奉清廷，宁可一生布衣，保持本色。

乾隆四十一年（1776），官府追谥侯峒曾为“忠节公”，专谥批文写道：“明鼎既迁，危城不守，孤忠殉国，名亦不朽。”

方亭里沈氏家族

元代至正年间，大场镇（今属宝山区）“东阳沈氏”家族的沈辉祖有才名，以荐授江西龙泉县知县，而他见朝廷腐败，不愿赴任，为避开官府催逼，匆匆将祖传遗产让于兄长后，迁居方亭浦南岸，建宅称“蘧庵”，自号蘧庵居士，著有《蘧庵集》。

沈辉祖仿大场祖宅的模式，在方亭浦建造沈氏宗祠和家塾。沈氏宗祠建在方亭浦南岸，供奉祭祀沈辉祖的五代先祖，即沈良遇、沈龙跃、沈梅溪、沈伯威、沈子重。学宫门前有两株植于元代的丹桂树，大可合抱，根深叶茂且树干高耸，郁郁葱葱互相掩映。不单单被学子欣赏，更是时时诉说着“蟾宫折桂”的故事。沈辉祖延请名师授课，培育子孙。学子们在丹桂树下喝酒吟诗，才思如涌，成为乡里的一处胜景，人称“学宫双桂”。后辈沈廷桂撰有《乡学双桂记》细述其事。

沈辉祖父亲沈公然，儒林郎、司同提举。沈辉祖先后生有九个儿子，三分居宅，分别称“方亭里”“新嘉里”“西场里”，依浦而居。三处宅院规整，各凿一井，人称“沈宅三井”。

沈氏家族继承了祖先货殖（经商营利）经营的传统，继续投身商业，财富丰厚，并且对当地商业活动布局产生了重要影响。同时，沈氏子弟努力投身科考，以文才、行善和品行端方行于当世。

明洪武五年(1372),沈辉祖长子沈鹤汀(字华一)率先成为嘉定县学庠生,著有《漱芳集》。随之,沈氏子弟一个个成为县学秀才,在乡间十分风光。

沈辉祖次子沈龙溪(字华二,号种德)由方亭迁到新嘉里,在长浜上建"种德桥",行人往来者皆见其德。后辈沈葵撰《种德桥记》称"自明景泰间,章五公以佞佛废家,阅五代不彰。而至万历年,心如公恢宏前业,有阳宅三十二亩,阴宅三十二亩,其规模之宏整不可见矣"。

沈龙溪性格偏僻不合时宜,在此建造园池,自题"亦有东园",凡赋诗一章,必于清风明月之下曼声歌之,人称"龙溪狂士"。享年72岁,著有《东园诗草》。

沈辉祖幼子沈方埜(方野)分居方亭附近的西场角(即刘千户宅),明洪武年间建南园,有侣鸥轩、浴鸥池。

沈鹤汀之子沈文德,庠生,秉性端方,友人拖其与歌妓同饮,他严词拒绝:"人所以异于禽兽者,以有礼义廉耻也,若辈无廉耻,蔑礼义,欲浼我乎。"

沈氏第八代孙沈允济(字汝楫,号双溪),18岁以第一名考入县学,中嘉靖二十五年(1546)乡试副榜。其叔父沈钧"聪明力学,经史百家,随问辄答",在村中名气很大。在嘉靖朝以前,沈氏家族"衣冠累叶,家裕而丁繁,为紫隄近村第一著姓"。

明景泰年间,族人沈宗彝(字章五)讨好于佛,聚众讲法,自号瞿昙导师。因仇家以聚众倡乱举报于官,被逮入狱中。为脱罪,沈家"竭蹶所有,赂遗当道",在付出了巨大财产代价之后最终得免。

嘉靖年间,本地遭受倭患,沈氏家业又毁,宗祠荒废。方亭永嘉里的沈氏老宅、宗祠、义塾以及"礼仙娱老"的王母阁等,均为倭寇所毁。此后,沈氏的家业、人文均大幅跌落。但族人深信"家之有兴废,犹木之有荣枯,苟根本不坏,一旦逢春,必有向荣之机"。到万历年间,沈氏产业稍有恢复,"有阳宅三十二亩,阴宅三十二亩",但已远不能与前代相比。科举方面沈氏不仅再无贡生以上的成就,生员亦极少。因此,沈氏逐渐失去了大族的地位。

后来,方亭里村口有丁姓富户开了染坊,渐成集市,因青石铺就路面而得名"石皮弄"。市面以布庄、靛行为多,故俗称"行前"。

明末，有沈芳彦刚直敢为，参与抗清义举。

明清鼎革时，“奴变”四起，各乡集练乡勇保护家产。新嘉里推首富沈中孚为乡勇领袖。不久，家仆沈添等人变乱，声言要“尽歼沈氏”。沈中孚遂被杀，家产遭哄抢。沈氏再受重创，愈加萧条。

清代初，有沈暹，字震彩，以“舌耕”糊口，手抄医方书籍数百卷，乡人称奇。

道光年间，贡生沈葵（字心卿，号钦阳）脱颖而出，文名四扬，讲学四十余年，著作颇丰，曾增订《紫隄村志》，留下《紫隄村十二咏》流传至今。其祖父沈复云，著有《守愚吟草》。其子沈祖铣，精通医学。其孙沈宗懋，号少敉，诸生，光绪三十二年（1906）创办使觉小学堂，卒年 65 岁。

诸翟侯氏西族

诸翟镇上侯氏西族之祖童烈，其父童铁，为唐行镇（今青浦镇）人，母亲侯氏，出身紫隄村。娘舅侯伯权无子，抚其为嗣。而娘舅早逝，他尚年少，到紫隄村后承侯姓，与东族侯廷用、侯尧封以同里称叔侄兄弟。

绍衣堂下马石

侯(童)烈家贫如洗,生活艰辛,经好心人做媒,娶方亭沈璜之女为妻。夫妻俩勤俭持家,将公鸡缚在床头,闻听鸡鸣即起,除下田劳作外,唯有对客谈诗、教儿读书。生有儿子侯卓,孙儿侯士方、侯士鹏。侯士方娶当地名士王圻之妹为妻,生侯孔学、侯孔时、侯孔中。侯孔学深受王圻关爱,于万历二十八年(1600)为贡生,可惜在随王圻入襄阳试院阅卷时遇火灾而亡。侯孔中生侯万钟,侯万钟于万历三十八年(1610)中通榜。从此,西族侯氏也逐渐兴旺。

清乾隆、雍正年间,侯世靖(字士安)、侯世钦(字士功)兄弟俩乐于公益,捐资改建镇东西石桥。侯世钦之子侯梅(字逢年)于乾隆二年(1737),所建绍衣堂(俗称"侯家厅")幸存至20世纪末。侯梅之子侯昌炳、侯昌焜兄弟为移建关庙出力极大。乾隆五十年(1785),侯昌炳奉献自家明志堂改建为上谷西族宗祠,嘉庆二十二年(1817)落成,位于鹤龙桥西南方。侯氏几代一再吁请官府疏浚蟠龙塘,功不可没。

秦家桥秦氏家族

元代时，时局动乱，著名文学家秦观（字太虚，又字少游）的后裔从维扬（今扬州）避难到吴淞江畔，散居各处。其中有秦君瑞一家，某天在蟠龙塘畔停船吃饭，洗碗时不慎失手将碗落入水中。秦君瑞因此认为“吾殆宜寄食于此土耶”。就此率儿子秦殉、孙子秦钢等定居在蟠龙塘畔的光字圩，以耕读传家，渐形成后来的秦家桥村。秦君瑞宅，成为当地著名古宅第。后来，秦君瑞墓葬蟠龙塘入口处。

相传，元代著名书法家赵孟頫（字子昂，号松雪）曾寓居秦宅，留下“为善最乐”题匾，被后人传为美谈。

明正统年间，秦哲（字希贤，号云轩）入赘到附近的朱家泾，继承了当地大户朱氏的家业。朱氏有族人朱西轩明初时因财力而任粮长（负责征解税粮，又称赋长）。秦哲入赘后，朱氏家业逐渐归秦哲所有。此后，秦哲、秦钝（字永年）、秦渭（字汝清，号菊窗）祖孙三人相继担任粮长一职，世掌乡赋。至嘉靖年间，秦家“家道日隆，方广数里，阡陌相连，赀以大振”。秦渭和儿子秦棠（字子和，号怡斋）、秦栻（字子敬，号南冈）、秦梁（字子成，号贞山）、秦楫（字子行，号凤山）及孙子秦士珪（字伯玉）、秦士琦（字仲玉）均具有文名，各构园亭以乐其志。

族人在秦家桥南建秦氏宗祠，供奉祭祀宋元以来的列祖列宗。明万历年间，后裔秦可成被官府徭役逼得倾家荡产，率领全家避难。临行前到宗祠哭拜辞行，把神主牌悉数投入火中烧毁。

朱家泾的秦氏后人，在明代也有秦羽鼎、秦羽秦、秦一骥等能文善诗，名扬乡里，均有著书传世。

秦氏花园，位于方亭浦南。明代秦羽鼎建。有亭、榭、池、桥，中有双柑书屋，人称"花园头"。

清代初期，秦氏家族出了个秦立(1660—1733)，字舆参，号云津，又号芝斋。与弟秦雍同为补博学弟子员，自幼好学，尤精文史。殁后，私谥悫誉先生。著有《练川野乘》十六卷、《嘉定县志补编》五卷、康熙《淞南志》八卷、《芝斋文集》六卷、《诗集》六卷、《见闻杂志》十二卷，并参纂《紫隄村志》。

清乾隆三十三年(1768)，秦氏自建石桥，取名"天助桥"，俗称"秦家桥"，村宅也因此得名。秦家桥村宅归杨家港村，位于诸翟镇(今属华漕镇)北，后来村落越扩越大，竟地跨上海(三十保二图)、嘉定(宇字号一图)两个县。

秦家桥(天助桥)今貌

天助桥为三跨平梁桥，南北走向跨蟠龙港支流。桥面为双拼式。桥全长19.71米，宽1.1米。2006年12月30日，由闵行区政府公布为文物保护单位。2009年，天助桥全面修缮，基本复原。

明末进士徐天麟

徐天麟（？—1644），字陵如，号退谷，明代诸翟徐家老宅（二十九保五图）人。父亲徐模具有名望，被公推为“乡饮宾”。徐天麟自幼成孤儿，家境贫困却十分好学，少年即有文名，30岁出头成为县学补诸生。天启四年（1624），考中举人。为名士徐光启的门生。他与嘉定南翔举人李流芳（字长蘅，号檀园）交往颇深。李流芳称其“文章词赋，走马击剑，无所不通”，为“海上异人”，对其能师从徐光启十分羡慕，曾赠诗云：“江左才人冀北群，一朝顾盼重风云。知君别欲传衣钵，聊借光辉烛我军。”“每将龌龊陋前人，得意休夸浩荡春。期子功名上钟鼎，看余丘壑亦天真。”

崇祯四年（1631），徐天麟赴京参加殿试，为二甲第三十四名进士。

徐天麟担任南京兵部职方司郎中后，更加豪爽，萧然如寒士，议论侃直，无所畏避。他与松江复社主持人吴伟业（字骏公，号梅村）是同科进士，结为知己，因此成为松江复社的重要成员，以宗经复古、切实尚用相号召，切磋学问，砥砺品行，反对空谈，密切关注社会人生，并实际地参加政治斗争。

数年后，为赡养双亲，徐天麟辞职归乡。返回紫隄村后，在徐家老宅建造“拄颊山房”赡养双亲，有牡丹坡、木犀亭、梅花书屋等。平日杜门不出，唯与二三故友，对酒吟诗，诗文刚直豪爽有奇气，有《西郊草堂集》《广阴轩杂咏》行世。

崇祯十七年（1644）三月，距明王朝结束仅六天的时候，徐天麟在家去世。吴伟业为其撰墓志铭。松江府知府方岳贡（字四长）曾为其题词："海国一人。"

胞弟徐人麟，字又如，府学庠生，博学通经史，著有《十三经注疏删订》《通鉴补遗》，可惜30多岁即英年早逝。从子徐荃徵，字君宰，号学三；徐萼徵，字君辉，诸生，入清后不愿应试，以诗酒度日。

步入清代，徐氏族人家道中落。据叶梦珠《阅世编·门祚》记载："鼎革以后，子孙式微，不免负薪，识者伤之。"

龙江汪氏四百年

一方水土养一方人，而异地迁徙之后，虽然也许会历经磨难，但终将得到新水土的滋养。生活在上海市闵行区华漕镇的“龙江汪氏”，自徽州迁来至今已有四百多年，薪火相传十八代，虽说经商未曾暴富，科考仅一人中举，但这里的水土改变了他们的人生轨迹，他们祖传的“徽文化”影响了这里的人文环境，其中的故事引人入胜，令人回味。

来自休宁石田

汪姓为春秋时期鲁国公族的后裔，始祖鲁成公次子颍川公汪满。隋朝末年，汪满四十四世孙汪铁佛（字懋族，号开国）与堂兄汪世华（号越国）始迁安徽省休宁县石田村（今黄山市休宁县溪口镇石田村）。

石田村地处溪口镇的东大门，率水河北岸，距离休宁

县城约 21 千米。这里,山场多,耕地少,收成低,种田苦,尽管交通主要靠水路,年轻人还是风行外出做工经商或运销土产,以谋求生机。

休宁人自古崇文,富有读书传家的风俗。汪铁佛、汪世华带领家族在石田村安营扎寨后,坚守耕读为本,繁衍子孙。明代时,石田汪氏家族形成登云厅、希圣厅、树德厅、希纯厅等五门,各自建有祠堂。

龙江汪氏是休宁石田登云门的一支。

石田汪氏家族有数人相继考中进士,走通仕途进入官场,而更多的汪氏子弟因科举之路不顺,则退而学医或是经商。

汪文明游寓蟠龙里

汪文明,字双墩,号道思,是汪满八十世孙、明永乐十三年(1415)进士汪璪(字希文)的玄孙,祖父汪滋,父亲汪樟,有兄长汪文瑾、汪文杰。

明万历年间,汪文明"幼肆举业,不售弃去,为诗文自娱",向往松江府地区的山水风光,独自一路东进游历,放舟华亭九峰三泖之间,寻访西晋名士陆机和陆云的遗迹。

江南水乡,一马平川,人杰地灵,物阜年丰,在一个被困在群山之中而又心怀"诗与远方"的年轻人眼中,自然充满诗情画意,又宜游宜居,不由流连忘返了。

在吴淞江南岸的蟠龙里,汪文明深切地感受令其心醉的吴侬软语,令其神往的小桥流水,而让他最眷恋的是蟠龙江畔的紫隄村(今闵行区诸翟老镇)。

紫隄村虽然地僻人稀,却是一派田园风光,乡人心地善良,为人敦厚包容,尤其是侯家英才辈出,崇文重教的传统与徽州相通。

汪文明在这里游寓数月,好似走进世外桃源,兴奋不已,便与侯氏家族及紫隄村之贤父老结下友情。于是,他决意带着儿子汪世仁、汪世儒(字学所)、汪世美寓居蟠龙江畔。

紫隄村开店

休宁石田村处于溪口镇的东大门，自古流行“十三在邑，十七在天下。其所积蓄，则十一在内，十九在外”的风俗。汪世仁、汪世儒年纪尚轻，汪文明按家乡传统，将他俩留在紫隄村开店经商，销售家乡运来的茶叶、木材等特产。

当时，紫隄村已为小型商业聚落，称“诸翟巷市”。本地所产棉布，以细白扣布为多，坚致耐用，远销各省。布价高时，乡民以三斤棉花织成一匹布，一匹布可在市场上换得“米一斗、花三斤”，故可以“竭一日之力，赡八口而有余”。乡民还大量种植青秧（即蓝草，也称靛），供织染用。将叶子浸汁，再用石灰水搅成青色（俗称“水靛”），色泽鲜明，盛于广靛，尤为本地所产的“青蓝布”所需。每年五六月，嘉兴、湖州、苏州、松江等地的客商会纷纷前来收购。市中集市每日“晓刻辐辏，自朝至暮，抱布者间亦不绝，非同他镇。开庄早至五鼓，过期烛熄”。

在这里，汪文明叮嘱儿子且商且儒，诗书传家，善待乡邻，和气生财。他逍遥自在，四处游览，每天寻得乐趣，又善结人缘，处事公正，两次被乡人推举为“乡饮宾”。直至过了 70 岁，他才想到应叶落归根，恋恋不舍地告别紫隄村，回归故里。83 岁时，在石田村逝世。

长子汪世仁默默坚守着店铺，读些诗书，并在此结婚生子，不求经商发大财，始终善待乡邻。

次子汪世儒本来也有一番科举抱负，少时离家“攻苦绩学”。母亲的去世，让他极其哀痛，得了咳血之症。此时，正值“枋国沙汰士人”，通过科举取得功名几乎无望，他“不得已，弃笔砚，习计然业”（计然是著名谋士、经济学家），随兄长汪世仁守在紫隄村经商。但他特意出资延师专授儿子汪日濬，一心让儿子“得早游庠”。

汪世仁之子汪日省（字思饮，号景舆）未成年即来到紫隄村，随父辈“学生意”。在此结婚成家后，经商之余，“闲居吟咏”，指教儿子汪之祯（字吉先）、汪之毅（字宏先）。

侯汪两家比邻相善

汪文明之孙、汪世儒之子汪日濬头脑灵活，经商有方，家业渐盛。于是，汪家在紫隄村龙蟠桥东小泾河畔购地，从家乡运来砖石木材，正式起屋建宅，取名“致远堂”。

汪日濬在这里生活得很快活，索性纳本地韦氏为妾，生下了儿子汪之鲲、汪之蛟。可惜，未等汪之蛟成年，汪日濬不幸暴病身亡。

龙江汪氏四世孙汪之鲲，字溟卿，号扶风，继承父亲做派，在紫隄村经商四十余年，业绩显著。经商之余，他“喜艺菊，每花时与客饮酒赋诗，流连不倦”。住在小泾河对岸的侯鼎旸（字文侯，号赤崖，万历年诸生）时常应邀做客，挥笔撰《致远堂盆菊，为汪扶风赋》诗云：

汪子闲情靡所讬，瓦盆种菊隐居乐。
三序风光为菊忙，理枝刷叶相纷错。
菊花开候近重阳，移盆入户生远香。
黄白绯紫斗颜色，灿如锦帐围闲房。
我来坐对不能去，有酒时常呼我住。
举头何必有南山，短篱败壁成佳趣。
东去王庵尽竹梅，何如秋菊澹争开。
君家仲子善种柳，同赋渊明归去来。

汪之鲲为人真诚，乐于为人排难解纷，深受本地人信服，被乡人推举为“祭酒”。

兄弟汪之蛟，字化卿，更字长鱼，号颐庵，幼年失去父亲后，被送回休宁石田村。年满16岁后，复随兄长来到紫隄村，打理父亲留下的家业。

此时，山池小泾河（蟠龙江故道）上有座龙蟠桥，是紫隄村最古老的石桥，桥东为嘉定县地界，桥西属上海县。汪氏宅院在桥东，侯氏宅院在桥西。

明代紫隄村示意图

侯氏宅院建于嘉靖年间,为传统庭院式样,一切都依照侯尧封要建立一个正统规范大家族的设想建造,分设“太初堂”“白村堂”等,屋后有山池,称芙蓉池。庭前大门有镇石,一丈见方,人称“大青石”。在西厢房设侯氏家塾,东厢房供侯氏历世神主牌。院内广植翠竹。太初堂落成时,侯尧封亲撰堂联曰:“三亩宅中新竹径,百年江上旧茅堂。”侯尧封进京为官之后,专为父母建造了“偕老堂”,并将“太初堂”移至后园,旁有土山、亭榭、修竹、丛桂等,堂中塑祖父母像,朝夜香火不断。侯家人丁兴旺,侯尧封时常教诲子女说:“不愿尔等为第一流官,但愿尔等作第一流人。”因此,侯氏家族具有严明家风,乡人无事不来走动。

新建的汪氏宅院则是前设店铺,门面高敞,后为住宅,围有马头墙,院内的“致远堂”木雕石雕极为考究,家用器具大多由休宁运来,一番徽州风情令人注目。乡人颇感新奇,前来购物者总会进院探访一下。汪家人热情接待,既和气生财,又显摆了自己的身价。此时,“龙江汪氏”仅兄弟两房,远不及侯氏家族风光四射,但在乡人眼中也是“大户人家”。

汪氏、侯氏两家子弟隔河相望，朝夕相处，亲密无间。

汪之蛟守店时，偶尔收来一些残书作为售货包装纸。侯家的侯鼎旸、侯兑旸（字公羊，号石墨）看到他所收残书多为古今诗文集，便叮嘱他勿滥用。

于是，汪之蛟检出尚可诵习的残书，重新包上书皮，细心收藏，朝夕探研，诵习久之，遂有诗名。步入中年后，他"以贸布寄迹吴门（苏州）"，在经商途中，书无所不读，人无所不交，物无所不格，还有心收买法书名帖及名人书画，雅兴十足。

在苏州，汪之蛟巧遇同乡歙县人吴曰慎（字徽仲，号敬庵，诸生，初游无锡，讲学东林书院），一见定交，即命儿子汪过、汪逊前去从学。

数年后，汪之蛟索性邀吴曰慎到紫隄村设立"敬庵讲堂"，乡人争相叮嘱子弟前去从学。

侯、汪两家比邻相善，子弟之间以文会友，以致紫隄村里形成了且耕且读的好风尚。

随着侯氏家族在嘉定城内立足，逐步淡出紫隄村。而汪氏家族逐步枝繁叶茂，明末时成为本地望族。

亭桥（后名"聚龙桥"）桥堍一带的商市氛围更浓了，紫隄村的发展进入鼎盛时期。

国难之际

然而，风云变幻，时局动荡。明崇祯十六年（1643）十一月，侯峒曾在浙江按察使司左参政任上，称病辞官，决意回乡。

次年春，农民起义军攻占北京城，明王朝崩溃。清军趁机入主中原，随后向江南攻城略地，摧毁南明弘光政权，直逼上海地区。

清顺治二年（1645）闰六月十二日，清廷下达《剃发令》，江南民众抗暴政起义骤然爆发。十天后，侯峒曾以民族气节和人格尊严为重，率全家共赴国难，殊死守卫嘉定县城。

然而，七月初四日嘉定城被清军攻破，侯峒曾及儿子侯玄演、侯玄洁慷慨殉难。

各处幸存的侯氏家人先后回到紫隄村隐居。不久,清兵追杀到紫隄村,侯氏家族几乎满门蒙难。

面对如此惨烈的动荡,汪氏家族惊得目瞪口呆,但无力相助,只能哀叹。

汪日省之子汪之祯成年后,被送回休宁,进入府学,应乡试。崇祯三年(1630),汪之祯考中举人,与吴伟业、陈子龙同榜。鼎革之际,徽州大乱,汪日省与汪之祯只得返回紫隄村避难。后来,汪之祯出任江西万年县知县,汪日省又返回徽州,归卒故里。

世态变幻

出乎人们意料的是,紫隄村的乡情民风随着改朝换代而发生了巨大的变化。在这弹丸之地,农民、工匠、商人各以类聚,只知利己,互相猜疑,难以再同心协力了。

紫隄村乡人一向崇尚诗书,人知敬长,而步入清代,"唯货财是尚,至有以读书为迂腐"。有私塾聘请余姚的先生前来授课,竟被某些人讥为笑谈。先辈崇尚礼仪,出门入户必定衣冠端正。而今不再注重礼仪,连读书人也"短衣造门,免冠见客"。乡人认为人患病是鬼作祟,祈求神灵禳灾"解星辰",请村巫(自称仙人,俗称"太保")到家中来"献菩萨"。乡民们心神不宁,总在担心天灾人祸。

然而,汪氏子弟坚守家风,保持着祖传习俗。

长期留在紫隄村经商的汪之祯的长子汪羽,成婚后生有汪曾怿、汪曾恂两个儿子。他积劳成疾,临终拜托胞弟汪印(字玉符)替他扶养遗孤。汪印端重有至性,为人豪爽,喜交正人,族中有读书能文者,必加以扶奖。尽管妻子朱氏生下一子一女即亡,生活艰辛,但他始终尽心照料侄儿,如同亲生。他不复再娶,鳏居四十余年。

直至康熙二十三年(1684)起,康熙皇帝亲自南下巡视,了解民情吏治,并采取一系列重要措施,才使江南地区始有大地回春的气象。

康熙五十九年(1720),侯氏家族获准在故宅建立“侯氏三忠祠”。洞庭山秦氏、黄氏等颇有实力的商家前来开店经营,将亭桥桥堍一带的诸翟商市门前铺成了石板街。紫隄村重新复苏,商贸逐渐繁荣,人口迅速增至七百多户。后有一首《亭桥晓市》称:

晓日亭桥市,肩摩路不通。
斗粮谋汲汲,匹布抱匆匆。
未问鱼虾贱,但求薪米充。
三竿日欲暮,归去急农功。

汪之蛟柳舫佳话

此时,汪之蛟已年老身弱,为避开喧嚣,独自在亭桥北、蟠龙江西岸搭建一间“宇垂而上圆,户小而窗广”的小屋作读书处,屋外种植了数十株垂柳,取名“柳舫”,还自撰《柳舫杂咏》诗言志云:

五柳欲追靖节,陆舟愿学思光。
药草壶中洲岛,水云弦上潇湘。
劲质松筠晚节,荣华桃李春风。
得丧休警塞马,翱翔只羡冥鸿。
云雨人情翻复,风波世路苍茫。
老我琴书半榻,酬他花月千觞。
秉烛醉游花下,睹棋闲隐橘中。
龙战乾坤未定,鹤归城郭多空。

同乡文友吴曰慎专为其撰《柳舫记》称:“构小室于江之浒,宇垂而上圆,户小而窗广,宛若舟然。临流列植垂柳数十株,因名曰‘柳舫’。中设一几一榻，有琴有壁，有香有炉，左图右史，旨酒盈甑。常与二三知己，栖迟燕笑于其中。时而春也，风柳飞烟，晴光耀日，鱼鸟相亲，落英聚散，若渔舟之入桃源也。夏则绿荫环覆，薰风徐来，煮茗流觞，不羡兰亭之修禊也。或雨过涨生，奔涛骇目，柳舫疑浮，飘飘欲游。秋则虫声四野，鹤唳高天，月色弥漫，水光萦练，一片空明，如泛舟澄湖，渺然无际。冬则绕屋梅花，幽香浮动，逸态横生；或积雪千顷，原隰污隆，有如波涛起伏，但无砰湃声耳。时不一景，趣不一端，或鼓琴以寄怀，或赋诗以见志，或阅书画而品其优劣，或举古今而论其是非，或垂钓于柳荫，或飞觞于月下，陶然各适，与物无忤，其乐宁有极耶。”

在汪之蛟的“柳舫”内，图书丰富，翰墨飘香。他时常邀来二三知己，咏诗、弹琴、敲棋、举觞其中，颇具逸士之风。他著有《蚓鸣集》，在诗歌文学上有所成就，时评甚高。

“柳舫”虽小，却成为紫隄村一处人文胜景，“外来户”汪之蛟为乡人重新树立了一个榜样，自然享誉八方。国子生范超（字同叔，居黄渡）《题柳舫》诗云：

柳舫主人龙江客，幽栖绝似渊明宅。
时有春风拂户来，柔条万里摇轻碧。
斗室还如书画船，锦囊诗卷博山烟。
知君早得逍遥诀，自注《南华》第一篇。

陆元楠《寄题柳舫》诗云：

鹤浦龙江远俗尘，青松澹菊见丰神。
月明楼上弹流水，花发窗前引麦春。
鹗在云霄诗有骨，鸡催风雨义无邻。
要离烈士梁鸿客，疑是前身与后身。

贡生吴绮(1619—1694,字园次,号绮园,扬州人)《题柳舫》诗云:

不意逢高士,衔觞在此中。
乾坤存柳舫,风月满梧宫。
女子知韩叟,神仙重李翁。
归来多好句,一为寄诗筒。

名士吴伟业(字骏公,号梅村)《赠柳舫翁》云:

大隐聊城市,青霞渥妙颜。
一壶悬海岱,双屐占湖山。
绕砌兰芽茁,当楼兔魄间。
中宵瞻紫气,已到穆陵关。

咸丰四年,本地沈葵(字心卿)作《紫隄村十二咏》,其中《柳舫题诗》云:

植柳围成舫,同侪觞咏娱。
风流前辈盛,踪迹后人芜。
攀折千条尽,浮沉一叶孤。
石田寻返棹,渺渺隔江湖。

两地相思苦

紫隄村与休宁石田村,相隔千里,交通不便,加上时局动荡,人心不安,外出闯荡者与守在故土的家人常年难以相聚,忍受着相思之苦,有的人家竟数年无音讯。

清顺治三年(1646),在紫隄村的汪之鲲遇到了烦心事:

十年前，汪之鲲在家乡与金氏成婚，而离家外出经商后，竟然逐渐淡忘了家中的妻子。而金氏婚后即怀孕，日夜苦等丈夫返乡探亲，却久不闻其音讯。

金氏忍悲生下儿子汪起，偏遇连年兵荒马乱，度日艰难，只得拖着儿子寻到紫隄村来。

此时，汪之鲲却已在这里纳妾，因此对金氏的到来深感心烦。金氏不计较，只顾生活有靠，可以尽心哺育儿子。数年后，儿子初长成，金氏不愿再见到丈夫的苦脸，扭身返回了家乡。归乡没有几年，她怨愤日增，不久便抱病身亡。

乾隆年间，汪之祯长子汪羽生有汪曾怿、汪曾恂两个儿子，都在紫隄村经商，按风俗又都娶休宁姑娘为妻，两个媳妇都姓金。

谁料，汪家多灾多难。汪羽埋头经商，积劳成疾，刚步入中年即病逝了。长子汪曾怿探亲途中在吴淞江不幸溺水身亡，妻子金氏扶丧归葬休宁。她悲伤难消，半年不食而逝。次子汪曾恂婚后，生了两个儿子留在石田村。可惜，未等儿子成年，他突然患病匆匆离世。妻子金氏忍痛守寡，独自培育儿子成长。

乾隆年间，汪氏族人奉旨旌表，特为金氏妯娌在石田村竖立了一座“双节牌坊”。

汪起子弟争了气

汪之鲲有了新欢，就将给他带来烦恼的儿子汪起（1637—1716，字颖侯）困在店内。好在叔父汪之蛟热衷阅读，汪起有了随其读书的机会。他失去母爱，又讨厌父亲，便躲进“柳舫”，整天埋头读书，由于好学不倦，大有长进，“求书考索（考查探究），悉其大要，遂能染翰（写作）赋诗。每引先哲格言，以教诸子”。一般人都认为他会博取功名走仕途，而汪起却认为学者当以“治生”为先，对于俯身应试，整天跑腿打杂去博取官位，并以此炫耀的行为，他不以为然。

汪起长大后，接手了父亲的店业，也始终没有放下笔墨。

康熙十三年（1674）十月，汪之鲲60岁去世。汪起坚守传统风俗，亲自将其灵柩运回故乡，与母亲合葬。汪起对亲人逝去感到无比凄凉，作诗《除夕》云：

峰尘飞处促凋残，寂寞江村且小安。
惨是高堂人已逝，不堪家室话团圆。

汪起娶昆山小澞浦徐祥之女为妻，生养了三个儿子。徐祥曾为县学头名庠生，汪起特意将他接到紫隄村来同住，让其尽心课侄。

为了长子汪钱稷（字仲应，号石庐）能拥有正宗的本地学籍，汪起决定正式落户紫隄村，入了上海县籍。汪氏宅院再次扩建，新增了“四知堂”，并在镇东市典当街购地，建造了四开间临街门面屋开设店铺。

从此，由汪氏家族由“外来户”转为“上海人”。此时，为康熙二十四年（1685）左右。

在紫隄村，汪起为人诚恳，颇有人缘，几次被选任“乡饮宾”和“乡约正”。他交友广泛，与文士计南阳（字子山，云间几社成员）、吴骐（1620—1695，字日千，号铠龙）、许旭、范述等关系甚密，时常唱和。华亭沈敬宗赞赏汪起，欣然为其题匾“淳修玉粹”。汪起晚年因行走困难，自号“赘民”。康熙五十五年（1716），汪起逝世，享年80岁，私谥“端凝先生”，归葬休宁石田。

汪钱稷对父辈艰辛的人生遭遇感受颇深，不时记录成篇，后来辑成《龙江逸事》一卷。次子汪士刚（庠姓王，字忝仪，号芠闻）也争气，康熙二十八年入华亭县学，寻补廪膳生。勤奋读书，著有《日报录》《芠闲诗文集》，辑《庄子内篇注释》。

最争气的是汪起幼子汪永安（1674—1758），字存夜。自幼身弱，常恐不寿，故自号叟否。他是侯峒曾叔父侯兑旸的女婿。侯兑旸17岁补诸生，好学擅文，风流倜傥。而明清易代，他只得闭门谢客。汪永安生怕株连，苦口劝他进京应试，若能中举，侯氏一族就可避官司。于是，侯兑旸进京就读国子监。顺治十年(1653),被授予云南司理。为赡养母亲,请求就近谋职,宁可降级,遂调到桐城县当训导。可惜,他死于上任途中。有传说,这是侯家忠魂竭力阻止之缘故。

康熙三十七年(1698),汪永安24岁入华亭县学,寻补增生。

眼看时局动荡不安,汪永安在家中自筑读书房,取名“吟巢斋”,整天两耳不闻窗外事,潜心养性,埋头著述,虽无功名,却有情怀,成为龙江汪氏最杰出的人才。历经社会变幻之后,他更醉心于地方史志,自知无力改变世态,便有志记录历史变迁和身边事物,将心中的爱恨喜怒录于笔端,留给世人。他担忧紫隄村的往事旧迹“俱在苍茫明灭间”,若不记载,“收于邑乘,借于村谣”,恐将永远遗忘,决意“网罗旧闻,条列体例,考之志乘,询之村耆”,认为“大而忠孝节烈,小而事物细微,凡水道之利,物产之宜,以及民生修戚,风俗盛衰,靡不毕具,洵足为考镜之资备,乡邦之典故矣。第经营草创,随得随录,未免有冗杂琐屑处。要其追往开来,阐幽发隐,使先世之流风余韵不至澌灭,诚无愧吾乡功臣也”。为此,他与侯棠(字悦舟,号南荫,侯岐曾之孙)一起忆往事,征文献,着手编写。后又有秦立(1660—1733,字与参,号云津、芝斋)等一起辑稿,苦心考证、积累十多年,康熙五十七年(1718)终于辑成《紫隄村小志》,凡三卷二十三目,有十万余言,如实记载了紫隄村的风土人情和因革变故。

只可惜,汪永安没有功名,更无实权,又缺乏财力,以致《紫隄村小志》修成后,限于客观条件未能刊印传播,仅在同好中稍有流传,长期收藏在“吟巢”的竹箱内。

子孙成为“上海人”

乾隆二十三年(1758)正月二十四日,汪永安逝世,享年84岁。生前他做出两项重大决定,一是在天马山建立家族墓地,不必再归葬休宁;二是确定龙江汪氏自七世起家族字辈为:宜秉文宗世念经吾家诗礼代闻人谨守祖仪遵恪训诒谋绳武子孙兴。这标志着龙江汪氏后人从此成为“上海人”。

龙江汪氏七世孙、汪永安长子汪宜耀(1696—1773),庠姓陈,字士云,号譬庵。康熙五十一年(1712),入上海县学,25岁为廪生。乾隆八年(1743),为岁贡,文才出众,江苏学政开泰(满洲正黄旗人)为其立“积学明经”额。后来,他返回安徽,出任舒城县学训导,性严正好学,博学多才,继承父亲的学说,又师从杨卧云,精易学、堪舆,著作涉及礼、地、史、工、数学、诗文、词典诸类,著有《续修山舟记》《归厚录图解》《三元地理秘书十一种批注》《水龙经注解》《天星选择秘书注解三种》等,可惜毁于咸丰兵灾,仅存诗集一卷藏于家中。父亲病重后,他重新返回紫隄村,照料父亲,家人团聚。乾隆三十八年(1773),他逝世后归葬天马山,享年78岁。

汪永安次子汪宜鋐,雍正三年(1725)为上海县学庠生。三子汪宜文(字克云)27岁早亡。

龙江汪氏八世孙、汪宜耀长子汪怡(1722—1760,字印和,号聊客),为松江府学庠生,屡试优等,孝友力学,“凡馆谷所入(馈赠的礼物),悉献父母,绝无私蓄”。可惜,38岁就抱病身亡。

次子汪若锦(1724—1796,庠姓赵,原名秉谷,字墉城,号蓉程),乾隆八年为金山卫庠生。乾隆五十八年(1793),石田村汪氏在登云门建造家族祠堂,汪若锦等代表龙江支脉族人前去捐资助建。

汪若锦有女嫁薛鼎铭孙子薛乃鲲。薛鼎铭,字象山,号苇塘,虹桥镇人,乾隆二十八年(1763)获殿试三甲进士,在等待朝廷选用期间,到紫隄村鹤龙桥西南的明志堂开馆授徒,后出任浙江金华府浦江县知县。

龙江汪氏九世孙、汪怡长子汪文成,字希明,婚后两年即身亡,其妻朱氏年仅23岁,独自培育儿子汪承宗(字敬瞻)成长,守寡29年。汪承宗,嘉庆七年为上海县庠生,性恬静喜饮,兼爱花卉,凡寓所必有种植。诗作轻俊有致,著有《霁亭诗草》,守藏先籍唯谨。享年70余岁。

汪怡次子汪文博,字约之,号墨渊,乾隆五十八年(1793)为上海县庠生,工水墨画。嘉庆初年,赴乡试时,巡抚汪志伊(1743—1818,字稼门,安徽桐城人)推族谱,得知汪宜耀家有《地理辨证发微》一书,特意邀他引路,专程访问。

汪怡三子汪文载(1760—1795),字兆坤,号厚斋,乾隆五十三年(1788)为上海县庠生。

《紫隄村志》记载,本地区还有一些汪姓人士。

汪鸣凤(字庆闾),乾隆十年(1745)金山卫庠生。居纪王镇。

汪绅(字带存),乾隆四十六年(1781)上海县庠生。居西牌楼。

汪文学(庠姓宋,字莱附),康熙六十年(1721)金山卫庠生。

汪大标(字式云),嘉定县庠生。

汪珏著有《纺愚集》。

不甘沉没

《紫隄村志》称,自汪氏十世孙汪承宗后,汪氏书香未有继者。

"咸丰兵灾"袭来,紫隄村一带成为清军与太平军反复较量的战场,连年烽火,百姓遭殃。

此时,龙江汪氏家族已传至十二代,仅汪起一脉十一世就有九房子弟,三代同堂,共计四五十人。但是,在他们身上已不见徽州古风,经商少了锐气,书香不及先辈,大多唯求无灾无祸,能太太平平地过日子。汪印、汪羽的子孙多灾多难,幸存无多,逐渐被人们遗忘了。

在紫隄村历经三百余年间风雨,曾被乡人视为望族的龙江汪氏就此家道中落了吗?

幸有汪氏十一世孙汪世森(字文荣,号条枚、调梅)不甘沉没。光绪元年(1875),他委托表弟薛乃鲲(字凤三,薛鼎铭之孙,国学生),在汪永安《紫隄村小志》的基础上,辑修成《汪氏龙江支族家谱》,对相传十一代的龙江支脉世系做了梳理,并追叙事实,一一载明,以传后世。薛乃鲲大加赞赏,在序言中称:"孰谓汪氏之族不将昌炽于后者",希望"汪氏贤良振起,以光乃祖,以耀乃宗"。

汪氏十二世孙汪念移要迁居典当街店铺,经营粮油棉豆和土布。当他离别祖屋时,汪世森特意给侄儿撰写了一篇《嘱语》,真诚告诫:我汪氏是诗

礼传家，代有闻人的名门望族，我父亲（汪惇宗，字裕垂，号春泉）因早年废学而成终身憾事，所以长子汪世奎（字步青，号云轻）出生后，叮嘱夫人陶氏悉心培养，攻读诗书。可惜，他生腰疽重病，不及应试而去当了教师，但他平时乐善尊贤，乡人有好评。现在你不得已而经商，也应当多做好事，教育子孙读书振起。

汪念移生了五男三女。他没有让儿子们全泡在自己的店铺内，将长子汪大经、次子汪传经赶到泗泾镇上去学做生意，长子替人家管理账房，次子设摊卖猪肉。他放手让三子汪志经创办轧花场，并经营货物运输。儿子们经受了社会历练，汪家又兴隆了起来。

光绪二十三年（1897），汪念移逝世后，家人将典当街店铺旁的土地出让，用所得银两到镇东新家弄种德桥堍建造了一座五开间绞圈房，将店铺老宅出租，全家迁入新家弄新宅。新宅青砖黛瓦，马头墙高耸，仪门楼飞檐翘角，砖雕精美，“垂裕后昆”四个字极为醒目，客堂正厅也高悬“致远堂”匾额，内内外外保持祖传的徽派风格，既显示徽帮人家的风情，又表达了主人重振家业的决心。（2007 年 6 月动迁拆除）

汪氏十二世孙汪念全及子孙一直留居在“致远堂”祖屋内（2010 年动迁拆除）。

书香延绵

汪氏十四世孙有幸走进了小学、中学校门，又不幸遭遇了家国沦亡的苦难。

汪氏十五世孙最幸运，时逢中华人民共和国成立前后，随之迈步走进新的时代。

汪家驹年轻时因病失学，只得待在家中守店售货。1950 年 5 月，担任诸翟镇工商联合会主任。1951 年 7 月，当选为诸翟乡副乡长，次年正式任命为乡长。1953 年，调到区级机关工作，加入中国共产党。1958 年夏，调中共上海市委农村工作部工作。退休后，任《上海农村经济》杂志社编辑部主任。

汪家文小学毕业后，在家务农。后加入中国共产党，担任诸翟镇化工厂支部书记。1958年，回到新家弄担任大队党支部书记。1972年，担任诸翟公社广播站站长和文化站负责人。长子汪诗荣，参军服兵役，复员回乡四年后任诸翟镇副镇长，2000年10月任华漕镇党委委员、武装部部长。

汪氏龙江延续了四百多年，薪火相传十八代，其中沧桑后人不得而知。幸有汪家骓精心保留着光绪元年的《汪氏龙江支族家谱》。汪家驹等颇能著文，努力续记了汪氏十二世至十八世孙的家族概况，并回休宁石田探亲寻根，梳理清家族世系，编写了《汪氏龙江支族家谱(续修本)》，于2010年12月在上海自费刊印，使汪氏书香得以再传。

《汪氏龙江支族家谱(续修本)》

“女飞人”钱行素

钱行素(1915—1968),纪王乡人。父亲钱安生是个木匠,精于艺,又尚武,擅长拳术、举石担石锁,人称“大力士”;母亲耐劳,勤俭持家。钱行素身材小巧,活泼矫健,受父母熏陶,从小酷爱体育活动,跟着父亲习武玩拳,不畏艰苦。

民国十六年(1927)秋,钱行素 12 岁入嘉定县初级中学,日常埋头钻研语文数学,田径运动场上很少见到她的身影,但田径运动成绩总是高于同学。

民国十九年(1930)夏,钱行素初中毕业后,得老校长陈奉暐的指点,力破女子尚文的传统习俗,放弃就学黄渡师范学校机会,报考上海东亚体育专科学校附设高中体育师范科(校舍在鲁班路草塘街),立志当一名出色的运动员。

东亚体育专科学校体育指导老师董承康参加过第七届远东运动会,看到钱行素身材匀称,生性活泼,是可造之才,便对她时加勉励,促使她技艺大进。

1931 年 9 月,在上海市第二届运动会上,16 岁的钱行素获得女子 200 米和跳远两项冠军,并刷新了全国纪录。

次年 10 月,上海举行万国运动会。钱行素以中华队队员参加 4×100 米

钱行素 1935 年

接力赛跑，持第一棒，起步神速，乍露头角，中华女子队终以 58 秒的成绩压倒称霸已久的英、美队，夺得冠军。同时，钱行素还取得跳远亚军。

民国二十二年(1933)，钱行素体育师范科毕业后，又直升东亚体育专科学校。在校期间，国文、算学两科成绩优异，在参加第七届远东运动会的名教练董承康指导下，运动技艺日精。

当年 9 月，钱行素参加上海市第三届运动会田径比赛，分别以女子一百米赛跑 13 秒 5、二百米赛跑 27 秒 6、八十米跳栏 14 秒 5 的成绩创全国新纪录，还获得跳远项目的冠军。

当年 10 月，第五届全国运动会在南京举行，会期十天。运动会会场规模宏大，可容纳观众 6 万余。男女选手共计 2 275 人(其中女选手 267 人)，比赛项目共 88 项。

10 月 15 日，《世界日报》第二届全国运动会特刊刊发《大会第二日素描：女健将们生理临时发生变化，钱行素虽受波及成绩仍佳》。

钱行素成了有名的“短跑皇后”。她在运动会上一鸣惊人，获的奖杯由当时的浙江省政府所赠，上刻铭文“我武惟扬”。上海《时事新报》全运会特刊特以黑体字为标题，发表《赛跑界之权威，南钱北刘(指辽宁男运动员短跑健将刘长春)相映媲美》的专题报道，备极推崇。体育专家称其“终点冲刺的速度和姿势，优美绝伦”。国民政府考试院特颁绣有“全国新纪录”的锦旗以表彰。

钱行素成为众多女性崇拜的偶像。中国福新烟公司印行香烟牌子时，“短跑皇后”入列。20 世纪 30 年代知名漫画家胡考，最擅长人物肖像漫画。他画的“野猫”是王人美；标准美人是徐来；骚形怪状的是阮玲玉；“美人鱼”

是一代游泳名将杨秀琼，而钱行素被他画成“矮脚雌虎”。

民国二十三年(1934)年初，华侨领袖陈嘉庚、胡文虎等委新加坡排篮球总会特邀东亚体专女篮等运动员为“东亚南游团”，一行十人，由钱行素任团长，赴新加坡、槟榔屿、吉隆坡等城市巡回表演，以张国威。表演博得华侨和当地人士的欢迎、盛赞，新加坡还发行十组十二枚“东亚南游团”活动照相纪念明信片，为之宣扬。

在民国二十四年(1935)，第六届全运会在上海举行，钱行素又获八十米低栏第一名。获得的奖杯由中央研究院院长蔡元培所赠，上刻铭文“光溱华国”，奖杯为跑步造型。

钱行素的肖像被刊于 1935 年《人生旬刊》第 9—10 期封面。她学习日语，准备赴日本留学。此时，她与年长 20 岁的上海东亚体育专科学校校长陈梦渔(1895—1986，原名熊，嘉定县方泰乡人)相爱至深，人生也在慢慢发生改变。

民国二十五年(1936)，因为怀孕生子，钱行素抱憾未能参加中国组团参加的柏林奥运会。从上海东亚体育专科学校毕业后，她历任上海务本、明德、启秀、智仁勇等女中及大同大学、暨南大学、东亚体专等学校体育教师，兼任上海市高校学生田径队指导。1950 年起，担任复旦大学体育讲师。

钱行素的丈夫陈梦渔是国民党早期党员，曾参加庐山训练团第一期受训，历任国民党上海市十七区党部监察委员、上海特别市党部宣传委员，中央党部大学党义教师、训育主任，与国民党一些上层人物有过交往。1951 年，陈梦渔因历史问题被判刑坐牢。

“文化大革命”期间，钱行素因此受到牵连、迫害，1968 年，她深感绝望，在厕所里上吊自杀，时年 43 岁。

1975 年在落实政策时，陈梦渔出狱，时年已 81 岁。

1978 年 12 月，钱行素获得平反。1985 年 1 月，上海市高级人民法院裁定，撤销陈梦渔原判，宣告无罪。次年 11 月 28 日陈梦渔病逝，终年 91 岁。

2008 年 7 月 29 日上午，在北京奥运会“倒计时十日”特别的日子里，钱行素的儿子陈世和将珍藏的母亲在旧中国第五届、第六届全运会上获得的两座奖杯和一枚奖牌捐赠给上海体育博物馆收藏。陈世和自小喜欢体育，早年从事体操运动，时任同济大学环境科学与工程学院教授。

钱行素的奖杯、奖牌由上海体育博物馆收藏

第四章 兵事英烈

《战地摄影》1932 年 5 月

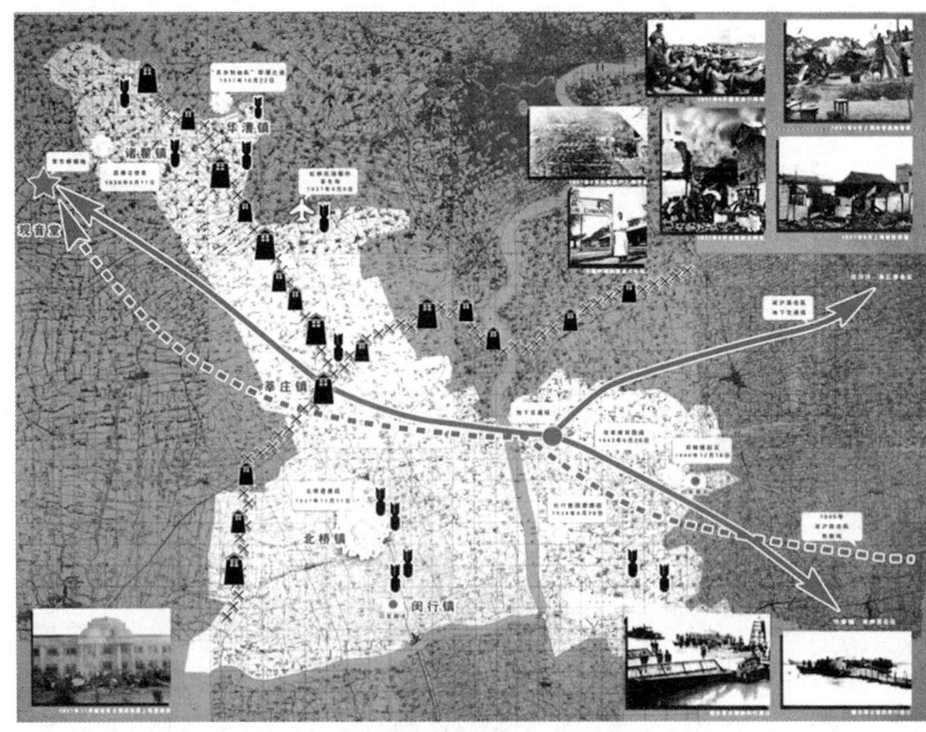

1940 年前后抗战形势地图

元末豪杰钱鹤皋

钱鹤皋，为五代十国时期吴越国武肃王钱镠十九世孙。

钱氏家道富厚，园宅众多。先祖自湖州大钱港迁松江华亭李塔汇，再迁王湖桥（老华漕镇吴家巷北），曾祖父钱钰，祖父钱文，字文靖。伯祖父钱武，字武冀。父亲钱大伦，号舒齐。钱家慷慨好施，凡当地修筑桥梁、建立寺庙均捐出巨资。元至元三年（1337），捐建钱家石桥，名扬八方。

钱大伦娶戴氏为妻，生二子，长子钱鹤皋，次子钱鹤轩。

至正元年（1341），钱鹤皋独资重修诸翟玄寿观，声名鹊起。他生性豪爽，尊礼敬士，广结侠义，援人之厄，不吝于金，被人们视为豪杰。乡里士人争相归附其门下。与华亭全氏、贾氏两人结为好友。里人翟仁、诸某及陆家巷罗德甫三人原是钱家佃户，生性奇勇。诸某尤骁猛，每年交租时，他总是用两只三石薄筐装满了稻谷，双肩掮到钱家，令众人吐舌称奇。钱鹤皋招他们为将，称雄四方。他通晓经史，熟读兵法，常率众在上马墩、箭墩一带（今虹桥机场内）操练武艺，伺机举事。

至正十六年（1356），张士诚（1321—1367，原名张九四）率盐民起兵反元。不久，起义军攻占平江（今苏州）。钱鹤皋闻风而动，散尽家财招募人马，竟聚集起上万人。至正十八年（1358）八月，张士诚被封为太尉，钱鹤皋为江淮行省右丞,罗德甫为总兵。

至正二十年(1360)三月,明军大将徐达率兵东进,攻占松江府后,下令各属县查验民间田地,并征收城砖九千万块。松江府各地民众为之惊扰不安。钱鹤皋在王湖桥北堍挖一大坑,占地两三亩,深两丈有余,用砖石砌成洞窟,内置柴米,让妻妾、女儿藏匿其间,吩咐说:“举事成功,生返团聚,否则,自行封洞,尽为忠义鬼。”处置停当,发兵夺取上海县城后,又于四月初,攻克松江府及华亭、嘉定,斩杀了知府荀玉珍,捕获华亭知县冯荣和嘉定知州张率。罗德甫、翟仁等冲锋陷阵,七战七胜,守军闻风而逃。

不久,朱元璋为争夺天下,急令葛俊引兵数万,水陆并进,前来围攻。钱鹤皋自知兵力不济,派儿子钱遵义率数十只小船急奔苏州,向张士诚告急求援。谁知,钱遵义潜行至莲湖,遭遇葛俊所部,被乱箭射死。松江城被重兵围困,钱鹤皋率残部退回家乡,在横泾河畔,背水一战而全军覆没。姚大章、罗德甫战死,华亭全氏、贾氏两位自沉于河。钱鹤皋死里逃生,隐匿上海县城,后被知县祝挺捕获,押送金陵(今南京)斩首。

据董含《三冈识略》“祭厉”条记载:“(钱鹤皋)就擒,俘至京。临刑,白血喷注。太祖异之,以为厉鬼首,命天下祭厉,称无祀鬼魂钱鹤皋等。本朝遵之,至今不废。”钱鹤皋被斩首而不屈,令朱元璋大惊失色,日后一再施行“防范厉鬼”的举措。而同年五月,名士杨维桢(1296—1370,字廉夫,号铁崖)撰《纯白窝记》,记钱鹤皋建纯白窝事及其性格,赞美其返璞归真,追求“白贲”返本的境界,似是一篇祭文。

明洪武三年(1370)十二月,官府将钱鹤皋案株连者154人发往兰州充军。

钱鹤皋兵败后,家眷闭窟自尽。妻子萧芸娘、女儿钱蕖馨均在内,故后人称此处为“萧娘墩”。钱氏族人生怕被株连,将其兵书、战图等沉入诸翟永福禅院前双井的右井内。乡人就此不敢再汲此井水,至明末双井填塞。

钱鹤皋生四子五孙，长子钱遵义，遇伏击殉难；次子钱流，字天远，因藏匿于松江凤凰山匠氏庄某家而幸免，蒙姓隐居。明初，钱流偕妻儿避居浦东川沙西里四灶港北（今浦东新区唐镇机口村）。钱流妻严氏，生儿子庄（钱）玉，字廷璞。庄玉生六子。

钱鹤皋之女钱蕖馨，字莲仙，小字月媒，貌美而有奇才，著有《仙闺集》二卷传世。

惨遭倭患

自明代嘉靖年间起，朝廷政治日趋腐败，海防松弛，边境虚弱，致使倭寇猖獗，有恃无恐，侵扰日甚。这年夏天，倭寇竟五次焚掠上海县城。上海县城为防倭患，在两个多月时间内，迅速筑起了护卫城墙。嘉靖三十三年(1554)正月，数千倭寇来犯，围城18天猛攻不已，终未得手，转身散向上海四郊大肆抢掠。霎时间，繁华的吴会镇、乌泥泾镇、蟠龙镇、青龙镇等地一一被毁，尽成瓦砾。

这一年的四月至六月间，倭寇窜犯紫隄村，烧杀抢掠，无恶不作。清康熙年间的《紫隄村小志》记载了当年倭寇杀人的凶残场景：

> 里老云：倭杀人甚多，小忤其意即死，或绑杖露立，掷刀于空，自高劈下，顶及胯俱肉骨平剖，而芒不钝。

紫隄村内外，遭受损失最惨重的是玄寿观和方亭里沈氏宅院。建于元至正年间的王母阁，也遭焚毁。

玄寿观在镇东北单家浦(今洪泾港)畔，始建于元延祐年间，相传初建时就有九殿，规模甚大。至正初年(1341)，由钱鹤皋捐资重建，大殿正脊高达27米，道观地基扩至20万平方米。观内的炼丹师年高有术，深受钱氏敬重。

钱鹤皋起兵造反失败后，自知难免噩运，便挟法器投入殿东井中自尽。大殿随后被焚毁，但尚有不少房廊，为当地第一胜境。可惜，倭寇一来，将道观全部毁尽，遂成墟地。

倭寇冲到方亭里，将沈氏宅院的厅堂、庑廊、松柏、泉石都烧为灰烬，学宫门前两株百余年的丹桂树也难免一劫。

倭寇在紫隄村驻扎了一百多天，作恶多端。沈家每座住宅内都有了一口井，东宅长子家的那口井栏还是用坚润平滑的青石琢成的。倭寇偏偏在此寻衅闹事，有个家伙吃醉酒后蹲在井边磨刀，且磨且砍，竟将井圈石砍成锯齿状。临走时，还一把火烧了井旁的房屋。

显赫四方的沈氏家族就此一蹶不振，盛况不再。后来几次搬迁，连神主牌都一直没有定所。直到清乾隆三十八年(1773)在方亭浦北岸、萧王庙东边重修宗祠。沈氏子孙难忘这国耻家恨，感叹："草木之华，其为荣为枯，若有乎人事之盛衰者，未有如我东阳氏乡学前之桂也。"每每想到这些，夜不能寐，悲不自禁。

倭寇的恶行，使一时惊恐而逃的村民们义愤而起，与倭寇展开了英勇机智的斗争。《紫隄村志》记载：

> 倭寇至方亭，居民悉奔窜。场圃多数石缸，贼以为奇，覆之而寝其，一乡并醉卧。里人乘暗掩至，以计压之，围薪纵火，贼死者十数。

紫隄村东首有永福禅院，初名"永福庵"，俗称"大涞庙"，始建于元代。庙前有双井，左井相传为钱鹤皋兵败后沉兵书战图之处。明代多次修葺，又屡遭兵燹，至明末被废，神像移寄小涞庙。

倭寇焚掠紫隄村时，居民奋起抗击，在永福禅院西南檐角下，有一处高一米、长一米多的土墩，人称"倭墩"，因"倭寇数人突至剽掠，村人杀而焚之，埋骨于此"而得名。

倭墩就此成为当地民众永远难忘的纪念地。

永福禅寺倭井原貌
(1957 年)

倭井纪念地

咸丰兵灾

咸丰三年(1853)农历八月初五,小刀会领袖刘丽川联合福建帮小刀会在上海起义,迅速占领了上海县城,向四郊发展,即而占领宝山、南汇、川沙、青浦等县城,一度克复了太仓。

清政府急忙从江南大营抽调兵力,由江苏巡抚许乃钊率领到上海镇压。清军与法国侵略军相勾结,长期围困上海县城,隔断城内起义军与郊区及租界的联系,屡次向起义军发起攻击。

1860 年 5 月,定都南京已七年的太平军主力发起东征,第二次大破清军"江南大营"后,挥师直下松江府及上海县。为防御太平军,上海县县令刘郇膏(字松岩)兴办自治性质的民间武装组织团练(俗称"乡勇"),将各乡团练局作为基层建置,按亩出丁,军民联防。

6 月,镇守上海滩的苏松太道勾结美国军事流氓华尔,招募外国人组建洋枪队,欲抵御太平军的进攻。

8 月上旬,太平军在青浦打退洋枪队后,集结于七宝镇西面的泗泾镇,向上海县城发起进攻。太平军由松江、蟠龙、泗泾一线直抵七宝镇,清军及洋枪队纠集七宝镇民团,双方激战几昼夜。终因兵力悬殊,太平军进攻受挫,只得退回青浦城内。

11 月 13 日(农历十月初一),上海县衙向各乡团练发放枪炮、军装、火药、铅丸、器具,以抵抗太平军。除城北租界外,上海县分设二十个乡局。城分六段,乡分六路,统归城总局管辖。每图招三十名团勇。一图之长为团领,十人之长为团正。

12 月 18 日,太平军从吴淞江北岸渡江,占领纪王庙。次年 1 月 14 日,攻占诸翟镇,16 日退出,战斗中毙伤清军、团勇二百余人。6 月 19 日,太平军再次攻入诸翟镇。此后,双方展开拉锯战。清军待太平军东进时,又袭占诸翟镇。当太平军回头再攻诸翟镇时,久攻失利,只得大部退至吴家巷一带。10 月 6 日,太平军攻占蟠龙镇后,再次围攻驻扎在诸翟的清军军营。10 月下旬,太平军与清军、团勇再次连续在这一带交战。

同治元年(1862)1 月中旬,李秀成率军再次向上海城进军。1 月 26 日(农历正月初一),攻占诸翟镇,然后向东南推进。谁料,天降大雪,河水成冰,太平军乘冰坚绕至敌后。初四日,太平军与清军在七宝镇郊展开激战,忠王亲驻王家寺指挥战斗。

四月,忠王由昆山再攻青浦,纳王部云官则由吴淞进发,连取松江、泗泾、塘桥等地。

五月初七日,华尔洋枪队在七宝镇郊小渡船、罗家荡与太平军发生激战。其后,两军结集,争夺七宝、泗泾一线。自五月十一日起,双方拉锯近十天。

直至天京告急,李秀成率军回救而撤离,战事才逐渐平息。

然而,在这几年兵火中,本地区遭受了一场空前绝后的灭顶之灾。玄寿观、永福禅院、关帝庙、纪王庙、纪王文昌庙等寺庙和大户人家均遭劫难,集镇商市衰落,面目全非。

青东抗战烽火

“苏浙别动队”华漕之战

1937 年 9 月，在“淞沪会战”隆隆的枪炮声中，时任“民族复兴社”特务处处长的戴笠在上海“大亨”杜月笙的资助下，以一月时间仓促组建了以帮会人员和失业失学人员为基础的“苏浙行动委员会别动队”，拥有一万多人马，配合正规军作战，并负责肃谍防奸工作。

这时，经中共中央军委批准，中共江苏省委军委委员张执一弄到“别动队”第一支队第三大队的番号。由中共党员王际光（又名任铁峰）担任少校副大队长（传曾在福建闽东地区任红军独立团团长，其时正在上海疗伤）。第三大队中共党支部书记是戴思成，中队长、区队长、小队长等，均由秘密党员或进步分子充任。9 月中旬，第三大队被分派到莘庄地区驻营集训。

10 月 20 日，第三大队接到命令：开赴华漕前线，守卫苏州河南岸五百米防线。

实地察看地形后，王际光发现阵地东端为摆渡口，西端为浜北桥（大木桥），均是出入要道。他决定由第一中队抢先占领北岸阵地，并安排戴思成带领第二、三中队三百余人马驻扎在华漕镇西侧的唐祖庙内待命。

唐祖庙庙内供奉唐明皇，东侧为上海县城隍行宫，西侧有弥陀殿、观音殿、五岳殿、关帝宫等，建有清道光年间戏楼一座，规模不少。

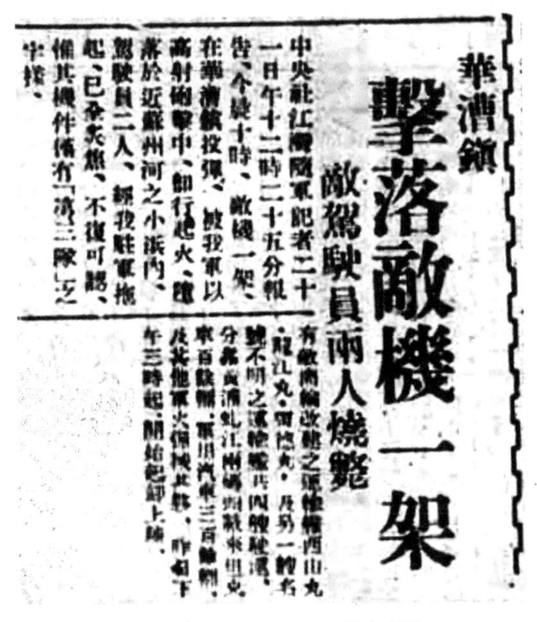

華漕鎮

擊落敵機一架

敵駕駛員兩人燒斃

中央社江灣隨軍記者二十一日午十二時二十五分報告、今晨十時、敵機一架、在華漕鎮投彈、被我軍以高射砲擊中、即行起火、墮落於近蘇州河之小浜內、駕駛員二人、經我駐軍拖起、已焚炙焦、不復可認、僅其機件係有「清三隊」云云字樣、

1939 年 10 月 22 日《申报》

10 月 21 日上午，飞来一架日军侦察机，在防线上空盘旋。王际光命令轻机枪手开火。侦察机坠落在浜北桥北堍，两名飞行员丧命。22 日《申报》刊登了这条振奋人心的消息。

22 日清晨，一支日军大队从嘉定南翔杀出，直扑第一中队阵地。

23 日下午两三点钟，十余架日军轰炸机突袭华漕镇上空，投下一批又一批炸弹。唐祖庙大殿顿时坍塌，大戏楼刹眼间被毁，别动队战士们倒在血泊之中……

王际光飞速奔回华漕唐祖庙，寻找死里逃生的战士们，聚在一起仅存五六十人。于是，决定由戴思成立即去上海市区向党组织反映情况，同时电告支队指挥部。队员们含泪掩埋了阵亡战友的遗体，一齐冲到苏州河北岸阵地。

敌我双方激战两天两夜，日军只得退兵。

谁知一个星期后，还不见戴思成回来，而支队长何行健电令王际光率余部越过沪杭铁路，插入南翔防线作战。于是，王际光召集紧急会议，向战士们如实通报情况，决定为保存革命有生力量，部队就地解散，分别潜入市区租界寻找党组织，寻机再集聚待命。

2015 年 9 月，华漕镇建立抗日战争纪念馆，其中展示了这一段历史事件。王际光的女儿任培亲临纪念馆，并称其父亲“1950 年被派往东南亚做情报工作，创办华新轮船公司，在香港设办事处，以商务工作为名为党搜集情

报。1987 年 6 月 12 日，病逝于上海家中，终年 78 岁”。

三丫叉日军杀人塘

1937 年的“三丫叉血案”，发生在上海县华漕乡的陈思桥地区（今属闵行区新虹街道）。陈思桥是个桥名，又是地名。这里，原先有一座跨越庄家泾的木桥，后来里人陈思成捐资造了座三堍石桥，定名为陈思成桥。本地村宅名也随之演变，人们为图方便，简称为“陈思桥”，结果约定俗成。明清时期，陈思桥地区为上海县三十保二图、四图、五图。

1937 年 11 月 12 日（农历十月十日），上海县境沦陷。

当天上午，一队日军疯狂地冲杀到陈思桥地区，见人就开枪，将尸体扔进三丫叉、施家湾、沟头等三个池塘内。三丫叉内抛尸最多，竟达八九十具，一时浮尸满塘，池水染成酱赤色，震惊八方，人称“三丫叉杀人塘”。

据吴顺华、庄引娣、朱妙根等知情老人回忆：当时，家住华漕乡陈思桥以及嘉定江桥的老百姓，因前段时间日机轰炸等原因，逃难到青浦等地。11 月 12 日，他们想回家看看，路过陈思桥时，嘉定江桥华庄村的朱进生、朱福弟、王铜厍，嘉定江桥五四村的张根泉、张金发、张炳兴、张建华、张伯元、王春桃、张生荣以及江桥沙河村、华漕西山村、陈思桥村、王泥浜村、华漕村村民，共计 30 人遭日军枪杀，并抛尸三丫叉中。12 月间，日军又在陈思桥一带枪杀了数名当地平民。

日军飞机轰炸

1937 年 11 月 6 日，日军飞机轰炸纪王镇，李伯兴、赵新堂被炸死。同月，轰炸诸翟镇，炸死彭海、秦和尚之父、阿姐头、小道士、侯念如之妻、冯左邦、沈农弘夫妻、朱九令、侯巧娟等 12 人，炸毁民房一百多间。日兵在侯家角枪杀阿雪祥、侯伯生、侯留进、韩德才之叔婶、张福根之父等。1939 年夏，日兵闯进诸翟陈更浪，抢过一妇女怀中的小孩扔进麦芒堆里，孩子被活活呛死。6 月 26 日,日军小头目青木与吴家巷陆家弄陆布珍勾搭成奸,被赵季昌率游击队击毙。日军以此为由,将尹更浪陆裕祥(又名陆郁生)推入江中,后活埋在滕更浪。朱家塘朱毛生、杨更浪杨和尚遭枪杀。纪西川塘农民陈和尚到观音堂买菜,回家途中遇日兵和翻译敲诈,因其拿不出钱遭毒打,最终被开枪打死。1940 年,纪王田杜南巷、北巷村被日军纵火烧毁瓦房 133 间、草屋 110 多间。南港村钱根全母亲遭枪杀。北巷钱荣桃祖母被杀,其叔被推入河中淹死。车弄宅怀有身孕的朱阿小在苏州河边劳动,被日军枪杀,一尸两命。1944 年 2 月,卫星村钱祥余舅舅张贵全一家三口,被日军疑为游击队,抓起来用烧红的火钳往脸、妇女乳房上烙,全家惨死。

西横泾突围战

1938 年夏,姚伯桃率领的地方自卫武装活跃在苏州河两岸。不料,他们的行踪被伪华漕维持会会长赵嘉猷探悉。这家伙前不久陷入游击队埋伏圈,受伤逃命,为此决意报复,急忙向日军告密讨赏。日伪军得到密报,计划进行大扫荡。

据伪督办上海市政公署警察局局长卢英于 1938 年 7 月 29 日、8 月 1 日的呈文记载:7 月 19 日夜间 12 时,日军队长加藤率全副武装日兵 150 余人,与日军指导员松田率伪沪西警察分局官警 55 人会合。一小时后出发,于 20 日凌晨 3 点到达华家宅、北田渡。加藤队长下令兵士散开,将村宅包围。旋由警察所所长胡德山率领官警挨次搜索,捕获华(侯)伯泉等 52 人以及李陈氏等 9 个女人,抄获枪支、手榴弹等。上午 11 时,61 人被押到沪西警察局。其中秦张氏(46 岁)、张阿妹(16 岁)两人经北新泾自治维持会来员取保获释。7 月 26 日下午 4 时,日军指导员松田与沪西区指导员北冈一起提审姚明兴等 19 人,确认华(侯)伯泉、姚德生为案中之首领需继续侦讯,其余姚明兴等 17 人被日伪军捆绑押赴何家角东南面铁路边,一一斩首。

8 月 11 日,姚伯桃率领 10 名队员在诸翟乡西横泾村(今朱家泾村张申浦西岸)活动,当夜宿营在陈家祠堂内。

据伪督办上海市政公署警察局局长卢英当年8月20日的呈文披露：8月11日午夜11时，林肯路伪警察所所长胡德山拨派伪警林汉文、乐羽、刘顺田、沈织昌、吕声涛等5人，为日军加藤队长带领的200多名日兵做向导，星夜直扑西横泾。天甫黎明时分，日伪军到达西横泾村，即将陈家祠堂包围，架起机枪、迫击炮攻击。

姚伯桃等惊醒后，立即率领部队开枪反击，击毙击伤日伪军多人。加藤队长受轻伤，遂气急败坏，下令放火焚烧村宅，48间房屋被毁。游击队员们奋力拼杀，跳河泅水突围。终因势孤力单，姚伯桃、朱祁民溺水身亡。日伪军在西横泾一共抓走了28人。

12日中午，侯伯泉等被押解到日军沪西司令部（今中山西路新华路），备受酷刑。其中程书鸿等5人，被认定“确系良民”，14日，由蟠龙镇伪自治维持会会长向加藤队长与指导官野村声明取保，准予释放。20日下午五点半，侯伯泉等10人被日寇绑赴何家角铁路西全部杀害。侯伯泉牺牲时年仅29岁。继续关押的其余13人后来生死不明。

抗战英烈

侯伯泉、赵季昌

侯伯泉

1937年11月，侵华日军的铁蹄闯入诸翟地区，“抗日寇、保家乡”的地火随之轰然运行。1938年2月底，闻说南面杨家巷（时属七宝镇，今属徐泾镇）的杨国材组织起七八十人，建立了“路南人民抗日支队”，诸翟的爱国青年们摩拳擦掌，奔走聚义，其中最活跃的要数侯伯泉、赵季昌、冯邦佐等人。

侯伯泉（1909—1938），又名侯伯全，诸翟镇人。因家境贫寒，14岁就进上海恒裕丰织布厂当学徒。“八·一三”事变后，失业回家。

赵季昌

赵季昌（1912—1941），诸翟镇人。本姓杨，是夏家桥农民杨海文之子。因家境贫困，于1916年4岁时过继给镇上木作铺主赵桐如为养子，遂改姓。1924年小学毕业后，随寄父学做木工，经

营作铺。自幼爱读历史演义，仰慕英雄好汉，性格刚强，富有正义感，在同辈后生中颇具号召力。

1938年3月中旬，赵季昌、冯邦佐以诸翟乡地方抗日自卫队负责人的身份应邀赶到蟠龙镇陈家祠堂，出席由顾复生召集的由沪西近郊、青浦东乡所有头面人物参加的“交朋友”大会。

顾复生（1900—1995），青浦县凤溪人，1927年经陈云介绍加入中国共产党，曾参与青浦秋收暴动，在青东地区颇具威望。

数十名与会者各带卫士，济济一堂，自由交谈，豪情奔放，气氛极为热烈。最活跃的除了顾复生，就是驻扎在附近的“忠义救国军”直辖第二大队头目殷丹天（虹桥镇人）。他宣称忠义救国军是国军，粮饷都是由政府拨给的，不向地方上收捐派税，而自己是戴笠最亲信的门生。

在会上，赵季昌反对殷丹天只求为自己招兵买马，表示赞成顾复生的主张：团结一切可能团结的力量共同抗战，抗战必胜；破坏团结，各自分裂，抗战就不能取得胜利！

从此，他们与顾复生建立了密切的联系，反复商讨斗争策略，筹建青东地区抗日武装队伍。

当地沦陷后，华漕乡伪维持会会长赵嘉猷，副会长张熔投靠汉奸吴四宝，助纣为虐，作恶多端。赵季昌、侯伯泉等决心为民除害。

7月23日，他们获悉这两个汉奸去上海城里了，就赶到碑坊路（今绥宁路口）寻机伏击。当汉奸坐着黄包车回来时，赵季昌冲上前去，手举枪响，张熔当即丧命，赵嘉猷负伤脱逃。

这次锄奸义举，使当地民心大快，抗日热情随之高涨。日伪军惊慌地将华漕驻军撤回到北新泾白栏杆据点。

不久，赵季昌他们又把除奸的目标对准了陆家弄的陆布珍。这个女人水性杨花，成了虹桥机场日军小头目的姘妇，并为虎作伥，鱼肉乡民。

那天，赵季昌、冯邦佐等身穿长衫，头戴礼帽，扮作“白相人”，直入陆家将妖妇诱出，处决在田野之中。

日伪军疯狂报复了。1938年8月11日（农历七月十六），侯伯泉随姚伯桃部在诸翟乡西横泾村活动,宿营于陈家祠堂,被汉奸赵嘉猷侦知。日军加藤队长闻讯,连夜带领二百多名日伪军前去围袭。侯伯泉率领部队奋力突围,拼搏中击毙击伤日伪军多人。终因势孤力单,不幸被俘,后被关押在日军沪西司令部(今中山西路新华路),备受酷刑,坚贞不屈。8 月 20 日,被日寇杀害于何家角铁路西,牺牲时年仅 29 岁。

1938 年 11 月,赵季昌、冯邦佐等加入"淞沪游击纵队第三支队"(俗称"顾复生部队"),后又奉命加入忠义救国军直辖二大队(殷丹天部队),进行策反工作。1939 年 5 月,他们返回顾部,赵季昌任第一中队队长。7 月配合"江南抗日义勇军",参加了歼灭顽军许连生部的北张角战斗和击退日军围袭的西郊庄家泾战斗。

1939 年 7 月下旬,中共青浦工委、青东联合办事处为保证部队给养,决定自 8 月起在青沪公路和蒲汇塘、虬江桥等水陆运输线征收"爱国通商税",由赵季昌、冯邦佐率一个短枪班组成征收小组。

征收小组认真做好群众工作,大力宣传"有钱出钱,有力出力",以提高纳税人的爱国热情。并坚持做到税款涓滴归公。

在蒲汇塘的征收工作比较顺利,而青沪公路上的货运,大多由转运公司承包,老板们都是日伪两面派或日、伪、顽三面派。有些奸商为抗税,竟挂起太阳旗甚至用日伪武装押运货物。赵季昌他们寸步不让,凡悬挂太阳旗的车船均以敌资处置,凡遭遇日伪武装押运货物者全部歼灭。他们还设计捕获了贩毒的日本浪人和一个号称"贩米大王"的奸商。

1939 年 11 月,中共青浦工委派赵季昌出任淞沪支队第三中队中队长。次年 2 月,赵季昌率部袭击了吉安公墓的日伪军据点,迫使日军撤离。冯邦佐一直在虬江桥设卡负责征收工作。

青东地区有中共青浦工委领导下的党组织,更有顾复生率领的淞沪游击纵队三支队,密切配合东进而来的江南抗日义勇军,形成敌我互相包围、犬牙交错的局面,史称"青东游击根据地"。日军视其为眼中钉、肉中刺,阴谋策划实行"杀光、烧光、抢光"的三光政策。

1940 年 4 月 14 日至 27 日,日伪军在青东地区制造了一起震惊上海的

大血案，历时13天。据《申报》记载：18日“清晨，迷雾蔽空，在沪西诸翟北约三里处所，目睹由嘉定方面开来日军百余人，一律便装，往西南方向开发，道经之处，民相争避。旋该地日军踏入诸翟西青浦县境，即无故放枪，所至恣意烧杀，妇女则加侮辱，然后杀之，残暴尤甚于初时。”“青松县境乡民惨遭大屠杀，人口损失千名”，“沪西五千余村，悉惨遭蹂躏，周围达百余里，受害者五万户”。

当时，日伪军分六路合击，企图把第三支队一网打尽。主要一路在青沪公路的方家窑至徐泾一段，向北以梳篦战术推进。第二路由伪军许连生部带路，占据观音堂，将陆家角附近纵横5 000米范围划为重点“清剿”区域。第三路从北新泾经诸翟到达蟠龙以北和以西地区，进行惨无人道的搜索烧杀。第四路由南翔经纪王庙到火烧庙，向西和向南搜索烧杀。第五路从青沪公路八号桥向北和向南搜索烧杀。第六路由白鹤港经重固向东南烧杀，兜网进攻。三中队、七中队都和敌人发生激战。最后，各部队撤至天马山、蔚澳塘一带。仅据部分乡村统计，敌人烧毁的房屋达4 430多间，刺杀、火烧、活埋、水烫、吊杀、毒打、火烙致死的男女老少有1 200多人，部分村镇被夷为平地，成为焦土。

大敌当前，淞沪游击纵队三支队被迫化整为零，隐蔽活动，急速转移到苏州、常熟、太仓游击根据地。

赵季昌与顾复生部队失去了联系，只得赶往上海市区和常熟等地寻找党组织，可惜奔波了几个月没有可靠消息。

1941年4月中旬，赵季昌、冯邦佐借住在曹家渡梵皇渡路(今万航渡路)鼎康里10号诸国良家中，却不知诸国良已经叛变告密。18日(农历三月二十二日)凌晨，赵季昌、冯邦佐同时被捕，被押送到黄渡伪税务所。伪十五旅旅长许连生软硬兼施，威逼赵季昌“悔悟”，还亲自对他进行了长达一周的严刑审讯。

赵季昌遍体鳞伤，坚贞不屈，始终严守党的秘密，至死不肯吐露半个“悔”字，并坚定地说：“我赵季昌是男子汉大丈夫，投入红旗，决不投白旗，要杀便杀，何必啰唆。”许连生一无所获，遂于是年6月16日上午，将赵季昌绑在黄渡师范学校操场的旗杆上杀害。他时年仅 29 岁。

冯邦佐被判无期徒刑，次年 5 月终被营救出狱后，在陈思桥小学执教，继续与顾复生部保持着联系，领导诸翟地区的抗日斗争。

上海解放后，赵季昌、侯伯泉被追认为革命烈士，地方政府为他们修墓立碑。1984 年 3 月，他们的墓地迁至诸翟苗圃，成为爱国主义教育基地。2003 年 12 月，烈士墓迁移至闵行区烈士陵园。

纪王高家浜四烈士

1945 年 5 月 27 日（农历四月十六日）上午，日伪军十余人突然闯进纪王高家浜（纪东村高家生产队），强逼乡民立即交纳军粮，扬言威胁“若不交粮，就烧房屋”。

此时正当青黄不接的时节，高家浜的乡民们无粮可缴。老人们乞求宽容，而日伪军恼羞成怒，当即烧了几个稻草堆，以示淫威。

面对日伪军的罪行，村里李松根（1908 年生）、李幼根（1917 年生）兄弟俩极为愤慨，苦于手无刀枪，难以抗衡。5 月 29 日，他俩召集李生贵（1909 年生）、李文奎（1914 年生）等六名壮汉，一番讨论后，决意一起离家赶往青浦观音堂（今凤溪镇），投奔新四军淞沪游击纵队，拿起枪杆子与日伪军展开生死斗争。

淞沪游击纵队司令员顾复生将他们编入后备队，当即发给一支长枪、一百发子弹和两颗手榴弹，嘱咐他们回村去发动群众，敢于斗争，组织群众抗缴军粮，并与部队保持联系。

6 月 27 日，李松根、李幼根等带了枪弹回村开展工作，悄悄与村民们商议抗粮行动。不料，还是有人走漏了风声。

当天深夜，流氓出身的袁阿妹（鹫山东翔港人，曾任伪纪王维持会会长、忠义救国军独立支队队长）率十余人，冒充新四军人员，来到李松根家，谎称苏州河里有一批缴获的物资，急需帮助押运到顾复生部队去。因以前有过类似情况，李松根信以为真，当即唤来李幼根、李生贵和李文奎跟随他们

而去。

走出高家浜村，袁阿妹突然拔出短枪，翻脸露出凶相。李松根发觉受骗，立即反击。终寡不敌众，李松根等四人被押到苏州河北的姚家库，受尽严刑拷打而坚持不屈。袁阿妹率匪徒凶残地将他们四人捆绑在一起，丢进吴淞江内。

李松根牺牲时年37岁，李生贵时年36岁，李文奎年仅31岁，李幼根年仅28岁。

抗战胜利后，高家浜村乡民为李松根、李幼根、李生贵、李文奎在家乡建立了“四烈士墓”。2003年12月，烈士墓迁移至闵行区烈士陵园。

袁阿妹作恶多端，于1951年4月被上海市人民政府依法枪决。

其他革命烈士

陶荣桂（1914—1942），纪王乡纪王村翁东浜人。1938年，加入淞沪游击纵队三支队。1942年7月，在青浦观音堂附近与日伪军交战中，身中七枪，英勇牺牲，时年仅29岁。

谢金根（1926—1945），纪王乡黎明村谢江头人。投奔新四军淞沪支队，1945年8月在蟠龙港与日伪军交战中牺牲，时年仅19岁。

王生泉（1925—1945），诸翟乡夏家桥人。1938年，年仅13岁即远奔他乡，在浙江省宁波地区参加革命，后担任新四军浙东部队三五支队排长。1945年，在山东徐州（今属江苏）附近与日伪军作战中牺牲，时年仅20岁。

赵铎心英勇牺牲

1946 年 1 月，中共地下党员赵铎心（1919—1947，杜行乡人）改名赵万年，奉命悄悄来到诸翟镇，担任中共淞沪工委特派员，领导青东地区地下党组织，其公开身份为萧王庙小学教员。

赵铎心一介书生模样，时年仅 27 岁，却已经具有丰富的地下斗争经验。1942 年 3 月，他加入中国共产党，在杜行地区以学校为活动地，积极宣传抗日救国主张。1944 年春，他转赴南汇参加新四军淞沪支队。1945 年初，他奉命在黄浦江沈庄塘出口处建立“浦边交通站”，突破黄浦江两岸日伪军的防守，开辟浦东至浦西的秘密交通线。

来到诸翟后，赵铎心认真了解当地情况，积极建立社会人脉，发展革命新兴力量。6 月 29 日，他给妻子致信，鼓励她专心学习、工作，争取早日入党。中秋节前夕，他在给妻子信中深情地说：“革命者应该移我们的爱给人民。”

随着时局进展，中共淞沪工委要求赵铎心在青东地区迅速组织开展武装斗争。为加强力量，特派沈肖方（1921—1990，原名沈玉林，南汇县泥城镇千祥村人）赶来协助赵铎心开展工作。

11 月 29 日晚，赵铎心与沈肖方寄宿在李浦桥（今青浦区华新镇新宜村）张新园家，不料身陷意外事件：因张家在 7 月修房时失窃一支步枪，而偷枪者在外持枪作案被国民党黄渡刑警队查获。于是，刑警队赶到李浦桥包围了张新园家，当场搜出步枪、子弹和中共党员名册，赵铎心与沈肖方随之也被拘捕。翌日，他俩被押往青浦县军法处。

次年 1 月 18 日，赵铎心在朱家角镇英勇就义。

赵铎心牺牲后，中共近郊工委所属新泾分区委派委员刘期颐通过社会关系，到萧王庙创办第三十七民校分校，受到农民的欢迎。后来他又在调字圩、石皮弄、朱家泾开办了三个分校。党组织从市区和大场区陆续调来一批党员和积极分子，并增派分区委委员曹伯慰与刘期颐一起，加强了对这一地区的领导。

反“三征”斗争

当时，这里发生了上海市与江苏省的青浦、嘉定两县争夺诸翟镇的管辖权的争斗。当地群众希望划归上海市，地方势力中的某些人为了维护自己的利益和统治地位，反对划归青浦、嘉定。中共党组织决定利用矛盾，发动群众开展反征粮、反征税、反征丁的反“三征”斗争。嘉定县派乡长来“接管”，当地群众把他哄走了事；来人抽壮丁，当地农民纷纷避走；来人征收农业税，农民坚持粒米不交。

1947 年诸翟请愿团要求划归上海市区

在中共党组织的策动下，还

成立了“诸翟民众要求划市请愿团”，赶到上海城区游行请愿，要求当局在区划中将诸翟地区划归上海市，顿时成为上海《申报》上的一大社会新闻。

这场斗争从1947年上半年一直持续到上海解放，时断时续，一直未停。事实上，诸翟镇已成为三管三不管地区，两年未出壮丁、未缴农业税。在这场斗争中涌现了一批积极分子，林庆龙、金允轲、朱冠文先后加入了中国共产党。

1948年9月，刘期颐、曹伯慰先后调大场区工作，诸翟镇的地下工作由分区委委员范仲奕负责。党组织以搞文娱、体育活动等方式，组织了“十五弟兄”“鹤社”两个群众性组织，团结了一批积极分子。年底，分区委传达了上级党的指示，要广泛发动、组织群众，迎接解放。

建立保卫地方协会

1949年初，余健行从大场区调到新泾区后，中共党组织派他到诸翟镇工作，其公开身份为虞墩小学代课教师。

4月23日，是人民解放军横渡长江的第三天，镇上的警察闻讯撤逃。余健行便召开党员会议，传达上级党的指示，要求大胆地把群众组织起来，掌握敌情，维持地方秩序，做好迎接解放的各项工作。

中共地下党员林秋云在诸翟“结拜十五兄弟”“青年体育会”及“鹤社”的基础上，组建成立“上海市郊区人民保卫地方协会”，由陈福嘉任会长，林秋云、冯继祖任副会长，下设政治宣传组、医务组、担架运输组、总务组、交际组，另外还有四个战斗组。地下党组织写信警告国民党区分部执委、乡保长、警察分局巡官等，要求他们放下武器，将功赎罪。

地方协会策动诸翟镇上的自卫队、义务警察分队起义，收缴他们的枪支弹药。还派人日夜巡逻、站岗放哨，以防盗贼匪徒乘机抢劫。组织人员收听新华社广播，记录内容，撰写宣传资料，张贴快报，消除群众对共产党和人民解放军的疑虑。

地方协会成立时会员仅四五十人，后逐渐增加到100多人，有长短枪支

40 余支，直流电收音机 2 台。镇上工商界捐赠数 10 石大米，供作协会活动经费。

4 月 25 日，由于敌人武装封锁，地方协会与上级党组织联系中断。此后半个月，处于独立作战的状态。

5 月中旬，人民解放军第三野战军 27 军侦察员在诸翟乡石皮弄与地下党员林庆龙取得联系后，地下党员余健行、林庆龙第二天就赶到松江县泗泾镇解放军 27 军军部，向贺敏学副军长汇报诸翟地区的情况。5 月 22 日傍晚，驻北翟路碑坊路口（今华漕汤更浪）国民党 75 军常山部队突然调防。当晚九时许，余健行、林庆龙等携带武器摸入敌指挥碉堡，搜到冲锋枪子弹一箱，手榴弹几十个，以及一张“上海市郊区碉堡地堡配置图”。第二天即派员将地图送往 27 军司令部。

为了详细侦察敌情，27 军派作战参谋王黎率侦察班到达诸翟地区。地下党组织派出四个战斗组配合行动，对苏州河以南，吴家巷以北进行周密侦查，夜以继日地密切监视北翟路一带的敌军动向。在此期间，将俘获的一名敌侦察兵押送至 27 军军部。

当 27 军向上海城区发动进攻时，诸翟党组织派党员陆亨元、积极分子张达仁到 27 军军部帮助他们在军事地图上贴标记，为解放军先头部队做向导，从西郊直至市区的哈同花园（今上海展览馆）。

5 月 27 日，上海全市解放，地方协会改名为诸翟地区人民保安队。29 日，新泾区接管委员会成立，并向诸翟镇派了一个接管组。诸翟镇地下党配合接管工作，也胜利完成了历史使命。大家摄影留念，并制作了一枚“上海市郊区人民保卫地方协会”的纪念章。

第五章　风物遗存

侯胡氏贞节牌坊

纪王毛家弄 19 号

本土民间信俗掠影

信俗又称“俗信”，是人们在长期生产生活过程中形成的一种约定俗成的传统理念。在这种理念的支配下，民众会对某种民俗现象产生心理和行为认同。民间信俗从原始宗教和巫术演变而来，经过民间长期传承，已经成为一种风俗习惯。

今华漕镇境内，自古以来寺庙众多，香火延绵不绝，流行“敬神祭鬼”的乡俗。每逢清明、七月半和十月朝，乡人设坛祭祀，表达“驱邪灾、保平安”的心愿，以致“信鬼崇神”的传统民间信仰流传广泛，影响至今。

源头之一：本地元末豪杰成“厉鬼”

乡人崇拜的“神灵”是信俗产生的重要源头，因本地区遭遇的重大历史事件，遂产生了特殊的“信鬼崇神”传统。

元末，本地豪杰钱鹤皋，世居王湖桥（华漕吴家巷北，今为虹桥飞机场内），传为吴越国武肃王钱镠十九世孙。钱家慷慨好施，凡当地修筑桥梁、建立寺庙均捐出巨资。钱鹤皋生性豪爽，尊礼敬士，广结侠义，被人们视为豪杰。元至正元年（1341）独资重修诸翟玄寿观。

至正十六年（1356），各地群雄起反，张士诚率起义军攻占平江（今苏州)。钱鹤皋闻风而动,散尽家财招募人马。至正二十年(1360),发兵夺取上海县城,攻克松江府。而朱元璋生怕钱鹤皋抢了自己的天下,就引兵数万,前来决战。不久,松江城被朱元璋重兵围困,钱鹤皋只得率领残兵退回家乡,被逼在横沥港背水一战,结果全军覆没。其家眷闭窟自尽。鹤皋被获,押送金陵(今南京)斩首。临刑时,白血喷注,使朱元璋大惊失色,怕他变为厉鬼作祟,发令各地每逢清明、七月半和十月朝设坛祭祀,求得一方平安。

明初,朱元璋登上皇位后,以"生不为我臣,死当卫我土",敕封秦裕伯(1296—1373,字惟镜、景容,号蓉卿)为"显佑伯",称"上海邑城隍正堂"。秦裕伯,至正四年(1344)中进士,官至行台侍御史。元末,弃官返乡。朱元璋多次征召,不得已入朝。后以病辞官归里。明洪武六年七月病逝。所谓"城隍",即为道教中守护城池之神。因此,与城隍庙相配套的有厉坛,就是超度厉鬼的地方。

本地豪杰成"厉鬼"的故事代代相传,乡人岂能不信?朱元璋如此以"神"治"鬼",历代乡人更加"信鬼崇神",以致本土民间信俗影响深远。

元末明初著名文学家杨维桢(1296—1370,字廉夫,号铁崖)撰有《纯白窝记》,叙述了钱鹤皋壮年通经史及《国语》,宿"纯白窝"和率众保卫家乡的情况。《易经》贲卦指由绚烂复归于平淡,由有色达到无色,是灰色之美的真谛。此文撰于钱鹤皋离世不久,并赞美其返璞归真,追求"白贲"返本的境界,似乎为钱鹤皋祭文。《纯白窝记》全文如下:

> 华亭县北距六十里,其聚为小莱,其吴越裔孙为皋氏。先庐毁,皋复新作,又于堂右个辟窝一所,上结圆顶,下方四落皆垩为雪色泥。窦牖六,又以云母片幂之,浑然毡穹庐也,名之曰"纯白"。皋尝宿余于窝,且徵纯白志。《贲》之上九曰:"白贲,无咎。"以其反本也。天下之文,莫文于白;文之纯,又莫本于反本也。吾闻皋壮年通经史及国语,间弧矢骑,以义侠厕狐貉游徼间,名贵人争欲致门下。盗压境,皋呼乡兵甲捍于淞之阴,乡赖以安。又以白衣参咨赞帅越者,却寇酋,复台

纪，活遗黎数十万。今齿及莫矣，功亦茂矣，假亦可体矣，故敛其神于反本之地，此纯白之所以名也。皋有四子，若孙者五，皆玉立庭砌间，将有赋《白华》，称洁白于时者，又知皋之反本贻世，世亦无穷也。皋氏子孙尚勉乎哉！

至正庚子夏五月蒲节后三日写。

源头之二：侯氏家祠“关帝显灵”

明代，紫隄村侯尧封（1515—1598，字钦之，号复吾）苦读到四十岁出头，仍屡试不举。父亲侯廷用（字汝舟）焦虑万分，一再求告关帝圣君：“吾儿幸歌鹿鸣，必建侯祠，奉香火矣。”嘉靖三十四年（1555），侯尧封终于在乡试中考上举人。

为此，侯廷用以为是“关帝显灵”，急忙筹资家宅左侧建造家祠，取名为“关武安祠”。

侯家扬眉吐气，在紫隄村内备受尊重。紫隄人引以为荣，读书风气随之兴起。隆庆五年（1571），年已 57 岁的侯尧封第六次赴京，终于考中进士，侯尧封出任湖广按察使司佥事之后，特意塑制了一尊关帝彩像运回家乡。这一尊关帝圣君彩像塑制得端严华灿，黝漆糁金。关公身披金袍，英姿勃发，令人肃然起敬。侯廷用择地扩建关武安祠，让“神一家”扩展为“神一乡”。

侯氏将家祠转化为可能“神一乡”的关武安祠，义举惊人，远近莫比。信息一传开，顿时轰动四面八方。从此，乡人异口同声，称之为“紫隄武庙”或“紫隄关帝庙”。

内在原因：信鬼崇神，祈福避害

自明代以来，本土乡间“信鬼崇神”的习俗历代相传，皆为了“祈福避害”,这是民间信俗传承不断的内在原因。

元明清时期,本地一再遭遇天灾人祸,尤其是元末鼎革“起反”、明嘉靖年“倭患”、明末鼎革“抗清”、清咸丰年“太平军战事”,人口伤亡惨重。连年兵火成灾之苦,乡人刻骨铭记挥之不去,“祈福避害”自然成为他们最大的心愿,迎神送鬼、安抚亡灵成为当时生活的常态。就是在“太太平平”的日常生活中,也难免因家人患病而合家受罪,又因对未来生活的不确定而忧虑重重,所以总惦念着祈求神灵保佑。对于种种社会不平现象,乡人亦寄望于神灵,希望其主持正义加以谴责。于是,除了寺庙香火不绝,本地历代活跃着一批“专职同神灵沟通”的道士、村巫(俗称“太保”),有的妖言惑众骗取钱财。

清代《紫隄村志》记载当地风俗时一再强调:乡俗患病,信贵喜祷,用道士曰“解星辰”,用村巫曰“献菩萨”。巫又设神堂于家。凡疾病者,其亲党醵办牲醴、纸帛、香烛之属诣堂聚拜,巫为化符卜筶,判断吉凶,间亦有验,是名“保福”。礼毕,领病者喜魂归,饮馔而散。更有为压胜欺众,曰“烧替身”,弥属荒唐。近又有为关仙者,其人率多妇女,至病者家,托为其亡灵之言,大抵非由探听即为附鬼,妖言惑众,有识者尤宜深斥之。

表现形式:民俗文化

各种民俗文化表现形式的集合构成民间信俗的文化空间。

清代《紫隄村志》记载:吴俗信鬼,崇神巫,好为迎神赛会,春时搭台演戏,遍及城乡。

迎神赛会把神像抬出庙来游行,并举行祭会,用仪仗鼓乐和杂戏迎神出庙,周游街巷,以求消灾赐福,胜似“狂欢节”。自明代起,上海每年在清明日、七月半、十月朝都要隆重举办城隍神出巡祭厉坛活动,俗称“三巡会”。

世上无鬼,本地不少人却爱听“鬼故事”,生怕“鬼作怪”,“既信又不信”,有些民间传说经口耳相传,代代流行。人们心目中的许多神鬼形象,实

际上是根据文学作品或民间说唱作品的描述自行塑造的。清明节、七月十五和十月初一被称作三个“鬼节”，各自祭祀，称“拜老祖宗”。因此，生活中还产生了一些禁忌。有些举动违背科学，带有迷信色彩。

旧时本地人信仰天老爷、土地公公等自然神和福、禄、寿、喜、财、门神、灶君神等社会神，田头“土地庙”、厨房“灶君老爷”等随处可见。财神崇拜至今为最普遍。

纪东村的金月娥老太太，2021年时已经99岁，却依然能滔滔不绝背诵《灶王经》《拜祖宗经》等经文。

古石桥风韵

当年，这里河港交叉如网，人们出门靠船只，修路必造桥，河多自然桥也多。据清康熙年间《紫隄村志》列名记载，当地时有石桥 129 座。随着历史的变迁，尤其是市政建设的不断发展，这些桥梁大多已消逝，如今仅存 5 座。

鹤龙桥的故事

鹤龙桥，位于诸翟老街西街 99 号南侧。原名诸家桥，又称西亭桥（当年桥上有亭）。始建于明代，为单跨平梁桥，南北走向跨小涞港。清康熙四十六年（1707）冬，石桥重建后改称鹤龙桥（桥身所刻桥名及建造年代字样图纹保存至今），因坐落于双鹤浦与蟠龙塘交汇处而得名。当时，北堍属嘉定县，南堍属青浦县。如今系闵行区与青浦区界桥之一，桥西属青浦区的二联村。

2003 年 12 月 3 日，鹤龙桥由闵行区政府公布为文物保护单位。

2008 年，闵行区政府投资 8 万多元全面修建鹤龙桥。修建后，桥总长 18.8 米，中宽 1.93 米，净跨 7 米。桥墩、桥面如旧，两边引桥台阶更换了不少新石，原有方木栏杆改为圆木，原有八根石柱仅遗存四根，原先石柱顶端刻有“暗八仙”（八仙手中器物）图案改为双环、兰花之类，失去了人称“八仙过海桥”的韵味。原先八根石柱上方留有口子，便于更换栏杆，而且拉纤人

可以临时取下栏杆以便将纤板甩过桥洞，可惜现已失去这项独特的功能。

鹤龙桥石柱

近三十年来，当地拆迁改建进程加快，人口大量流动，鹤龙桥堍风光巨变，环境卫生一度令人担忧。住在西街上的居民陈福舟急了，他 14 岁起在桥北的协隆杂货店里当学徒，后来索性在鹤龙桥旁成家立业，就此与古桥相伴 70 多年。为了确保桥面时常整洁，不论寒暑，每天早晨六时和傍晚他都会前来清扫，坚持了十多年。2014 年 6 月，陈福舟 86 岁了，要随女儿去颐养天年。于是，67 岁的志愿者侯锦秋自愿接上了班，每天前来清扫古桥。

2018 年，因河道整治，河面拓宽至 40 米，影响石桥安全，遂将鹤龙桥向东平移约 50 米，在河道弯口外侧岔口处落地，做通行和景观一体化处理。

鹤龙桥今貌

积善桥的故事

积善桥，位于诸翟朱家泾村（今属华漕镇）谭家址 29 号东侧向北约 50 米。为南北走向的双拼三跨立壁墩平梁桥，跨郭浦（高家浜），总长 17.61 米，中宽 1.71 米。桥额刻有阳文楷书桥名，中跨桥墩为双拼立壁式，两侧刻有楹联，可惜如今字迹已经磨损严重。

积善桥

积善桥

朱家泾，原是河道名称。据地方志书记载：明代时，当地有个朱西轩，为嘉定县衙收田赋，人称“朱粮长”，俗呼“钱粮师爷”，所以家道较为殷实。朱家名气越来越大，连他家旁边的河道也改称朱家泾，村宅也叫朱家泾。

谭家址，是当地村宅名称。

明万历十四年(1586)，里人张咏捐建石桥，并取名“积善桥”，以求积德纳福。乡民称便，交口传扬。清道光十五年(1835)，石桥重修。民国十九年(1930)又重修。乡民齐心保护，使石桥至今基本完好。

2009 年 8 月 6 日，积善桥由闵行区政府公布为文物保护单位。

寅春庙桥的故事

寅春庙桥，又名长寿桥。双拼三跨立柱墩平梁桥。总长 13.30 米，宽 0.90 米。原址在华漕镇光华村八组境，距华翔路东约 100 米处。始建于清乾隆三十九年(1774)，乾隆五十二年(1787)八月重建，咸丰八年(1858)又重建。

寅春庙桥

寅春庙桥

2006 年，迁移纪高路 598 号纪王公园内，修复重建。今用护栏围住，作景观桥保存，状况较好。2003 年 12 月 15 日被公布为闵行区文物保护点。

徐家桥的故事

徐家桥，位于华漕镇陈家角村北梁山组一号北约 300 米处，南北向跨龙尖嘴港。为四跨双拼立壁墩平梁桥，长 13.65 米，宽 1.10 米，净跨 13.40 米。桥身铭文显示，清同治七年（1868）九月谷旦，由上海县知县叶廷眷（1829—1886，字顾之）重建。

2003 年 12 月 15 日，徐家桥被公布为闵行区文物保护点。

徐家桥

徐家桥

张箍桶桥的故事

诸翟老镇东首,曾有一座张箍桶桥,其来历充满传奇色彩。当地文士撰《张箍桶桥》诗云:“二程周易听论深,箍桶高名不肯存。岂有素书圯畔受,偏留姓氏向江村。”

相传,从外地搬来了一个姓张的年轻人,靠帮人箍桶谋生,人称“张箍桶”。张箍桶匠经常出门去做生意,可是河上缺少一座桥,实在不方便,就默默许下了造桥的心愿。他做事踏实,手艺又高,天天起早摸黑地干,加上省吃俭用,钱也就慢慢积聚起来了。好心的邻居劝他娶媳妇成家,他摇摇头。有些有姑娘的人家见他忠厚老实,又有手艺,就托人提亲,他又推说年龄还小。

40 年过去了,张箍桶匠须发花白了,但还是那样贪做省用。有人说他是个怪老头子,有人说他是个守财奴。

在一个秋雨蒙蒙的夜里,张箍桶匠病倒了。就此,病情一天天加重,他晓得自己再也爬不起了,就请乡亲们到他床前,对大家讲:“众乡亲,我恳请你们帮我个忙。40 年前,我许下了造桥的心愿,把挣来的钱都埋在东屋角墙下。我死后,你们把它掘出来造桥吧!不足的数目,还请各位相帮。”说完,他就去世了。

根据张箍桶匠的遗嘱,小河上的木桥很快就架了起来,人称张箍桶桥。到了清代,木桥改建成石桥,取名“云龙桥”,但乡亲们仍然叫它张箍桶桥。

村宅地名趣闻

当年,诸翟地区有163个村宅,其地名大多以河道、桥梁及方位而得名,通俗土气,也有不少地名取得怪异。

镇东新家弄,当年叫新嘉里。元代由沈辉祖自嘉定大场迁此而得名。明洪武年间,在跨长浜的种德桥与新安桥之间,沈氏后代建房形成夹弄,人称"新街弄"。明末,不少房屋毁于火灾,但新街弄以"新家弄"的称呼流传至今。

镇西石皮弄,元明大户人家建有小楼,人称"楼里宅"。清初因青石铺就路面而扬名。

镇西有秦代亭长方昕建造的方亭,亭前的河道便取名方亭浦。宋元时,沈氏宗人依浦而居,形成村落,族大名重,称方亭里。后来,村口有丁姓富户开了染坊,渐成集市,以布行靛行为多,故方亭里俗称"行前"。

南面的王家桥,村以桥名。此桥大名称乐善桥,原为木桥,清嘉庆八年(1803)改建成石桥。如今,石桥不存,而地名依旧。

镇东北与嘉定县相邻的有柴塘北村、南村,史称"柴荡里"。因这里地处吴淞江畔,一片芦荡。芦苇作柴,故叫柴荡,而"柴塘"是后人改称的。

柴塘之南,有宅今称"西方场"。其实,这里当初是积粮仓,称"西仓场"。明初时遇兵火被废,人们改称"西荒场"。后来,又新建起民舍,西荒场又改

称“西方场”。一地三易名，可见兴衰踪迹。

朱家泾有传：明代，嘉定县衙派朱西轩来收漕粮，人称朱粮长，俗呼“钱粮师爷”。其家道殷实，名声远扬，宅边河道叫朱家泾，后连村宅也称朱家泾。

如今的马弄，地处当年的盘阳桥南堍，这里是元末时钱鹤皋部将罗、翟等驰马练兵处，因而人称“马弄”。

如今的田杜，当初称“田肚里”，顾名思义田之肚。

调字圩，则是历史上朝廷田赋的遗存名。当年，各地都有田亩字号，如皇字号、字字号，以示田赋界别。

双鹤浦，地以河名。最初这里称沙鹤浦，可见当年地处古冈身的遗存。相传，南宋时，有两只白鹤前来汲水，久留不舍离去，人们便以双鹤命村，后又以村命河。

陈家角，相传明末有一陈姓小将对朝廷无望，就地解甲定居而渐成村落。

北梁山、南梁山，当年称“小良山”。

这里的村宅地名，因方言形成独特的称呼。有的称浪，如季更浪、陆更浪，意为地方，季更浪即季家的地方。有的称里，如楼里、墙里，是以楼或墙为标志的地方。而有趣的是，这里有蒋家塔、顾家塔、孙家塔、万家塔等地名，但当地历代没有建过塔，其实此“塔”即“塌”，义为地方。

为取地名，曾有不少趣事逸闻。今肖王庙村孙家塔，于明末清初形成，宅上孙、王两家为定宅名争吵不休，孙家势大得胜，王家则坚持称王家塔，直到1984年合并为一。更有杨家巷村的陆家宅，在明嘉靖年间，从河南迁来的陆、朱两大姓为取宅名互不相让，陆姓得胜后，两家族竟三代不通婚。今红星村陈更浪于清末形成，原名曹家宅，后有个在浦东做过官的陈姓迁此，他天天守在村南小木桥边，用钱叫过桥人改口称陈更浪，结果竟叫出了名。陈家角村陆家桥并非陆姓所建，而是在明末时，村北建起孟姜庙，村民进庙有河港阻隔，便合力建桥方便通行，建桥者由六个姓组成，以此得名。后来，桥名代替了宅名。

小涞桥耶稣圣心堂

南北走向的小涞港，史称“小涞浦”，自古是上海县与松江县、青浦县界河。

小涞桥耶稣圣心堂，位于光华村九组（今属新虹街道）。始建于清晚期，原址在小涞港西岸，咸丰兵灾时毁损严重。同治十三年（1874）重修，归青浦县蔡家湾玫瑰圣母堂（位于今青浦区徐泾镇高泾村）本堂区。

光绪二十二年（1896），七宝圣母天主堂扩建后，小涞桥耶稣圣心堂归其管理。

1936年，移址小涞港东岸重建主堂和钟楼。主堂立面框架呈现江南石牌坊样式，题额“万有真原”“崇真”“尚德”字样，显示中式传统风格，而中大两小尖拱形入口为西洋风格。主堂前矗立钟楼，高四层，清水外墙（青砖均购自上海倪增茂、朱茂兴商号），整体呈灰白色，至今完好。主堂200平方米，附房240平方米。1968年，拆除堂屋和100平方米附房，建材用于建造学校校舍，其余附房改作生产队仓库。2005年3月12日，举行复堂庆典。2009年，拆除周边民房进行重修。

2016年8月，小涞桥天主堂钟楼被列为闵行区文物保护点。

小涞桥天主堂

小涞桥天主堂

白切羊肉

明清时代形成的诸翟、纪王地区的羊肉厨艺，以精制白切羊肉为主，闻名上海滩，传承数百年，浓缩了农家智慧，蕴含着民俗魅力。

这里靠近吴淞江，水网地带草肥羊壮，农家逢熟吃熟，自给自足，明清时代形成的羊肉厨艺，享誉四方。近百年来，南翔、真如、七宝、华漕、纪王一带的白切羊肉都较出名，诸翟地区的白切羊肉更是闻名遐迩，成为人人称赞的地方特产。其关键所在，是诸翟人在20世纪80年代的改革开放之初，率先恢复了祖传手艺，且规模日益扩大，占据了优势地位。目前，镇上有经营羊肉专业户近的20家，平时日销量达50只羊以上，尚不计各处酒店宾馆。其规模已在市郊称雄。

本地白切羊肉在民国初年就颇具名望，当地乡民形成了将白切羊肉上席待客，每天必吃"羊肉烧酒""羊肉面"的习俗。后来，个体经济一度被阻，羊肉销售随之罕见。改革开放之初，诸翟有周姓三兄弟和潘姓三兄弟率先发掘祖传手艺，设摊上市，"诸翟羊肉"重振雄风。不久，更有顾阿荣的"阿荣羊肉"声名鹊起，他因此而被选为上海市个体协会副会长。可惜他操劳过度，1995年就去世了，终年仅60多岁。如今的经营者大多40岁左右，属后辈，主要分布在诸翟村、新家弄村和杨更浪村。目前名声最响的是继承阿荣遗风的“阿三羊肉”，每天清晨六点半之前就被顾客买空。逢年过节，尤其清明、冬至日，必须提前预订方能吃到。当地已不产羊，均由苏浙一带的商贩定期供货。

人称本地白切羊肉的奥秘在“老汤”。祖传的拜师学艺方法也奇特，徒弟入门干活三个月，师傅从不口授技法，就靠你潜心观察。师傅只讲究，一要确保卫生，让食客放心，二要将肉煮酥，不必怕减斤量。但见师傅的配料也只是生姜、黄酒、枣子、水萝卜（如今食滋补品者多，冬天不放入）等，要说特殊之处，每个月杀一只狗投入汤内（狗肉老板自吃）。徒弟干满三个月，领回一桶师傅家的“老汤”，就算是满师了。而当他自立开业时，只要师傅当众“认账”，又一户“正宗诸翟羊肉”也就被人们认可了。

业主的经营颇有讲究，冬天一般白天杀羊烧煮，下午五点钟左右拆羊骨，再让其结冻，次日清晨天未亮即上市。夏天则下午杀羊，晚上烧煮，半夜二三点钟拆骨，五点钟上市。因此，诸翟之外的地方，就是号称诸翟羊肉，也非新鲜上品，要吃正宗货还得到诸翟老街，尤其是要买要吃羊下脚，最佳时机是煮熟拆骨之时。

羊只吃草，因此食羊肉既耐饥，又抗寒，有滋补作用。大暑、冬至时食羊肉，疗效更佳。羊肉好吃，可人们更喜爱吃羊下脚，羊脚骨、羊肚、羊肝、羊肺、羊腰子、羊脑包（将羊脑灌在羊肚肠内）价廉物美，人称“吃啥补啥”。最难得的是羊眼、羊鞭，物以稀为贵，一般由老板自己享用。

本地白切羊肉原料制作精细，加工技艺独特，菜肴品种丰富，口味鲜美可人，成为婚丧喜事、设宴待客、食疗滋补、风味小吃的首选菜肴。诸翟老街以及纪王、老华漕地区现存的数家祖传白切羊肉店，每天仍供不应求。为此，诸翟白切羊肉已被列入闵行区第二批非物质文化遗产“上海本帮农家菜制作技艺”项目。

鸡冠种雪里蕻

雪里蕻是十字花科植物芥菜的嫩茎叶，俗称“雪菜”，为上海传统腌渍菜蔬。9 月下旬播种,10 月下旬移栽。冬季雪后茎呈红色,春来发棵,4 月收获。清同治《上海县志》载:“雪里蕻,叶似齐而薄,茎细薹弱,冬种春茂,腌藏干蒸,经年不变,生经霜雪,茎红而茂,又名雪里红。”雪里蕻性温,味甘辛,具有解毒消肿,开胃消食,温中利气的功效。用于治疗疮痈肿痛、胸膈满闷、咳嗽痰多、牙龈肿烂、便秘等症。

纪王陈家角自古特产鸡冠种雪里蕻,又称“黄叶鸡冠”,为雪菜的名种。茎叶细嫩,色略黄,五六株茎连成瓣状,形如鸡冠。新鲜时有辛辣味,腌之则色泽金黄,清香扑鼻,如配以竹笋,烹制雪笋汤,鲜美爽口。

当年花鼓戏

清康熙五十七年(1718)《紫隄村小志》称，当地“村俗于暇时颇好陶情，扮演杂剧，谓之串戏”，而守旧者称“村俗好唱花鼓淫词”。乾隆五十年(1785)，关帝庙新建戏台，有匾曰“古今鉴”，每逢岁时俗节，戏台演剧热闹非凡。因“观者如狂，趋之若鹜”，嘉庆十一年(1806)青浦知县武韵清发布告示《严禁花鼓戏》，而结果“禁者自禁，唱者自唱”。咸丰年间沈葵的《紫隄村十二咏：武庙演剧》称：“年年五九月，演剧放层台。帝监歆难必，人心敬自该。笙歌如沸起，男女若狂来。卜昼还连夜，村醪酩酊回。”光绪二十九年(1903)，关帝庙戏台被毁。

华漕小锣鼓

小锣鼓是一种独特的民间打击乐，本地俗称“十番锣鼓”“细锣鼓”“次扑汤”等，其主要演奏特征为轻打细敲，因而别具一格。主要流行在闵行区华漕的范家桥及七宝、诸翟等地区。

在华漕、七宝、诸翟镇地区，十番锣鼓的流传已有数百年的历史，演奏者多为民间职业鼓乐班乐手和道观道士，讲究红火热闹。清道光年间，七宝地区道士将十番锣鼓渗入道场礼仪，改“以闹取胜”为“轻打细敲”。道士徐裕孚、张耐夫选取道教音乐《小行香》的音乐元素，自编小锣鼓曲目《松竹梅》。进而在以大锣为松、小锣为竹、锣钹为梅的基础上，加入“雨、雪、风”三声，即以梆板为雨、小钹为雪、大鼓为风，使乐曲由原来的十二段扩至二十四段，使用六件领奏乐器，大大丰富了此曲内容。通过层次丰富、节奏灵动的轻打细敲以及乐手的高超技巧将音乐的表现力与感染力充分实现，演奏效果也更为细腻、饱满。有人曾赞曰：“雪雨风打松竹梅，潺潺飒飒声韵齐，伯牙子期闻皆颂，赞毕还道果然奇。”《松竹梅》一般穿插在曲目联奏之中。七宝演奏者身份多为道士，故而他们将小锣鼓渗透于道场礼仪中，每逢做法事“破地狱”时，会插入《松竹梅》曲。七宝皮影戏班社还将《松竹梅》当作伴奏曲应用于皮影戏演出之中。但是，由于此曲对于演奏配合和乐手技艺均有特殊要求，非职业艺人很难上手，因而只能在少数人群中流传。

清代晚期，华漕地区范家桥等村有不少小锣鼓爱好者。村民俞虎堂的父亲曾做过道士，极喜锣鼓乐，于是聚集本村子弟，每当农闲时便聚在豆棚瓜架下，或在客堂暖室之中，以敲锣击鼓为乐。他们奏不了《松竹梅》，便演奏《小冰梅》《大冰梅》《抢球》《镜台会》《只只段》《齐革闹盘会》等曲目，自娱自乐。邻村乡民纷纷参与，锣鼓队扩展为20多人，因仅为自娱，未取“堂名”，人称“范家桥小锣鼓”。时有应邀外出献艺，直至上海解放初。在这150年间，采用口传心记锣鼓经的方法，小锣鼓相传四代人，积累了七套曲目。

小锣鼓演奏时所用乐器有板鼓、战鼓（小堂鼓）、大鼓、汤锣（月锣）、令锣（小锣）、小钹、齐钹（小镲）、大钹、大锣、木鱼、绰板、碰铃等。

乐队一般由六人（板鼓、令锣、小钹、大钹、大锣、碰铃共六件乐器）或八人（板鼓、令锣、小钹、大钹、大锣、汤锣、小木鱼兼绰板、碰铃共八件乐器）组成，司鼓者为乐队指挥。所用板鼓鼓膛较大，发音宽厚，音质较软，演奏时敲击鼓心、鼓边，或轻击，或重敲，音色变化丰富。现常用广东梆鼓替代板鼓。大锣一般选用调门较低的大膛锣，锣槌不扎布圈，而用铜钱或算盘珠固定在

棒端，或用短木棒。以硬质锣槌敲击锣面，发音清亮松脆，音量适中。

20世纪50年代后，由于社会环境变迁，小锣鼓渐渐沉寂。1986年，当地文化部门开展民间文艺集成工作时，在范家桥发现小锣鼓曲目，并组织恢复演奏。1987年3月12日，七宝镇文化站进行小锣鼓演奏采风活动，当场录音。《松竹梅》等曲目得以整理、演奏，在当时的上海县艺术节和上海民间音乐会演中展演。同时期，诸翟乡文化站也组织了小锣鼓队，排演了《鸳鸯斗》《鸳鸯斗-总脱》等曲目。华漕、七宝、诸翟乡的小锣鼓队为当时开展的民间器乐曲集成工作保留下了一批小锣鼓曲目，主要曲目收入《中国民族民间器乐曲集成上海卷》。1987年，上海音乐学院教授李民雄前来采风，经整理后，《松竹梅》成为上海专业民乐团的演出曲目，强化了乐曲本身的表现力及浓烈的乡土韵味，并收录在“雨果”《鼓》专辑中。

流传在当地的小锣鼓演奏曲目约有34首，现已整理并恢复演奏的曲目有《松竹梅》《齐革闹盘会》《鸳鸯斗》《小冰梅》《大冰梅》《抢球》《镜台会》《只只段》等7首。

随着非物质文化遗产普查工作的展开，2006年华漕镇文化中心站动员曾参加民间文艺集成工作的县文化馆退休职工金全余，组织起一批传人，恢复了小锣鼓曲目的演奏。2007年4月，华漕小锣鼓被列入闵行区第一批非物质文化遗产名录；2009年6月，被列入上海市第二批非物质文化遗产名录。保护单位正着力建立长效保护机制，从而使此项遗产重新焕发活力。

纪王“八拍”队鼓

1912年左右，由纪王镇大家巷鲍南生发起组织建立队伍，常用乐器有13件，因以鼓为主，列队而演，人称“八拍”队鼓，又称八音队鼓、鼓头等。后常被邀参加年节庙会、婚丧典礼作演奏，风靡数十年，至上海解放初才停演。1986年，纪王乡文化站组织恢复演奏，曲谱已收入《中国民族民间器乐曲集成上海卷》（1990年8月出版）。

民歌演唱

据1956年6月的《新民晚报》连续报道，诸翟乡五个农业社的农民在西郊区文化馆的鼓励下比赛演唱民间山歌，6月26日晚，举行了上海市郊第一个民歌演唱会。报纸刊登了会唱歌的木匠张友根的照片。

复旦大学教授赵景深出席了这次演唱会，并在1958年7月10日《文汇报》上说：北京《文艺月报》发表的《长工苦》，是以两年前诸翟乡演唱为基础，吸取了其他两个章节。后来《长工苦》被专业音乐工作者据此创作成一首歌曲，得以更广泛地传播。

音乐班社

本地历代丝竹班社有柴塘丝竹班、周家浜丝竹班、康家弄丝竹班、诸翟丝竹班、陈家角丝竹班、华漕丝竹班等。

历代吹打班社有鲍家塔吹打班、纪王吹打班、季庚浪吹打班、陶家角吹打班等。

历代道教音乐班社有鹫山庵曹家班、八字桥王家班诸翟河北金家班、诸翟河南王家班、诸翟田度张家班、华家宅华家班、华漕王家班、陶家角吉家班等。

皮影戏班

皮影戏，在当地俗称“皮团头戏”“皮人戏”“影戏”。清光绪六年（1880）春，“鸿绪堂”毛耕渔戏班在七宝镇作首场演出后，在本地流传。七宝毛门皮影戏班第五代传人叶金舟（1899—1958）和第六代传人赵金山（1913—1994）长期在本地区组班演唱，影响甚广。

诸翟小梁山皮影戏班，1930年组班，班主杨洪斌。

诸翟杨根林皮影戏班，1940 年组班，班主杨根林。

杜建明皮影戏班，1978 年夏组班，班主杜建明（1933—2008，王泥浜人，毛门戏班第七代传人）。

光华村池家圈张氏科举乡试举重石

附录

闵行区华漕镇建置沿革表

<table>
<tr><th></th><th>华漕地区</th><th>诸翟地区</th><th>纪王地区</th></tr>
<tr><td>明代</td><td>上海县华漕</td><td>上海县三十保诸翟市</td><td>嘉定县临江、淞南</td></tr>
<tr><td>清乾隆六十年(1795)</td><td>上海县华漕市</td><td>上海县诸翟镇</td><td>嘉定县纪王庙镇</td></tr>
<tr><td>1950 年 6 月</td><td>新泾区华漕乡</td><td>新泾区诸翟乡</td><td>纪王区</td></tr>
<tr><td>1956 年 3 月</td><td>西郊区华漕乡</td><td>西郊区诸翟乡</td><td>嘉定县纪王乡</td></tr>
<tr><td>1958 年 8 月</td><td>上海县华漕乡</td><td>上海县诸翟乡</td><td>上海县纪王乡</td></tr>
<tr><td>1958 年 10 月</td><td colspan="3">上海县解放人民公社</td></tr>
<tr><td>1959 年 8 月</td><td colspan="2">华漕公社</td><td rowspan="2">纪王公社</td></tr>
<tr><td>1961 年 10 月</td><td>华漕公社</td><td>诸翟公社</td></tr>
<tr><td>1984 年</td><td>上海县华漕乡</td><td>上海县诸翟乡</td><td>上海县纪王乡</td></tr>
<tr><td>1993 年</td><td>闵行区华漕镇</td><td>闵行区诸翟镇</td><td>闵行区纪王镇</td></tr>
<tr><td>2000 年 10 月</td><td colspan="3">闵行区华漕镇</td></tr>
</table>

新虹街道区划

2009年12月，闵行区析出华漕镇与龙柏街道管辖的部分区域，设立新虹街道。因毗邻虹桥机场，又位于虹桥商务核心区域，取其“虹”字，又因新组建成立，故取名“新虹”。新虹街道行政区域几乎全境处于虹桥商务区主功能区范围之内。虹桥商务区是上海面向长三角的西大门。

新虹街道辖区东至虹桥机场与长宁区相连，南至沪青平高速公路和七宝镇镇界相接，西至小涞港与青浦区界和华漕镇诸翟村、陈家角村、杨家巷村村界相接，北至北翟路与华漕镇王泥浜村、华漕村和许浦村村界相连，总面积19.26平方千米。据2010年第六次全国人口普查数据，新虹街道辖区总人口6.53万人。

截至2021年10月，新虹街道辖14个社区和5个行政村：航华一村第二社区、航华一村第五社区、航华一村第六社区、航华一村第七社区、沙茂社区、华美路社区、华美路第二社区、爱博一村社区、爱博二村社区、爱博三村社区、爱博四村社区、爱博五村社区、万科润园社区、申贵路社区、光华村、范巷村、红星村、新家弄村、陶家角村。

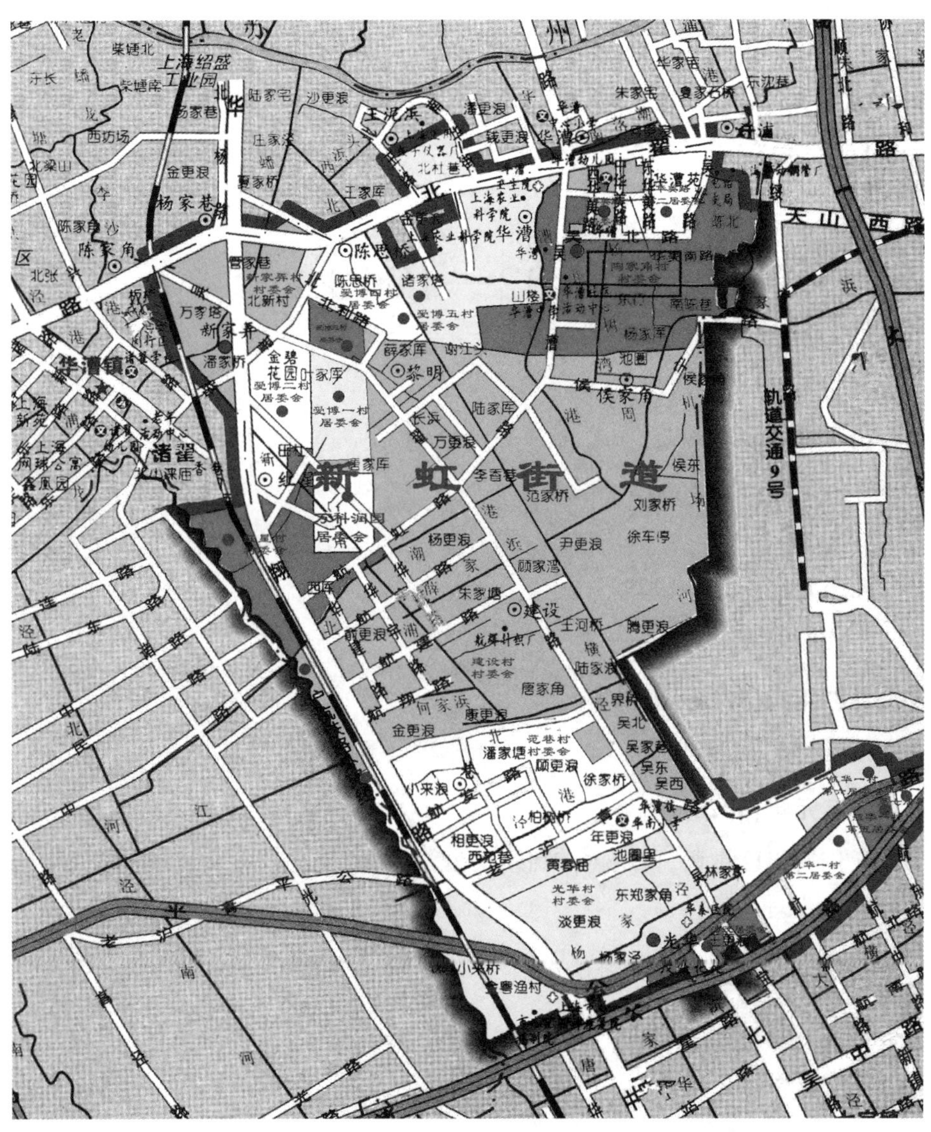

2010 年新虹街道地图

历史大事记（1292—1949）

元至元二十九年（1292）

松江府设立上海县。

延祐年间（1314—1320）

紫隄村建玄寿观。

泰定元年（1324）

任仁发年已古稀，再度主持疏浚吴淞江。

至正元年（1341）

钱鹤皋重筑玄寿观大殿正脊。

至正二十年（1360）

钱鹤皋率众造反。

明洪武年间

沈氏家族建新嘉里。

永乐元年（1403）

户部尚书夏元吉主持疏浚吴淞江。

嘉靖十六年（1537）

嘉定知县李资坤热衷办学，将纪王庙改为社学。

嘉靖三十二年(1553)

四月至六月,倭寇窜犯紫隄村,无恶不作。

嘉靖三十四年(1555)

秋,侯尧封乡试中举。

是年,侯廷用建家祠,名“关武安祠”。

嘉靖四十四年(1565)

春,王圻会试中进士。

隆庆三年(1569)

应天巡抚海瑞督办疏浚吴淞江。

隆庆五年(1571)

春,侯尧封会试中进士。

万历十四年(1586)

八月,凌家庙改建成玄寿观。侯尧封撰《玄寿观记》。

是年,王圻获准归田,此时57岁。

里人张咏捐建积善桥。

万历十八年(1590)

侯尧封辞官归乡。

万历二十二年(1594)

侯震旸乡试中举。

万历二十六年(1598)

正月十三日,侯尧封去世,享年84岁。

万历三十年(1602)

王圻完成《续文献通考》二百五十四卷,时年73岁。次年刊行。

万历三十三年(1605)

冬,侯峒曾、侯岷曾、侯岐曾三兄弟同取秀才,被誉为“江南三凤”。

万历三十五年(1607)

八月十五至九月初九,侯孔鹤、侯孔龄捐资大修紫隄关帝庙。王圻撰《重修紫隄关帝庙记》。

是年，王圻、王思义《三才图会》初稿编写完成。

万历三十八年(1610)

春，侯震旸会试中进士。

万历四十三年(1615)

闰八月十四日，王圻在家中无疾而终，享年86岁。

是年，王圻孙儿王昌会中举人。

万历四十六年(1618)

侯峒曾乡试中举，时年28岁。之后，随父到京城就读。

万历四十八年(1620)

侯氏老宅家祠成集市货场。

天启二年(1622)

正月，清兵攻陷东北广宁，京城惊乱。

四月，侯峒曾随父亲暂别京城，回乡探亲。

天启四年(1624)

徐天麟乡试中举。

天启五年(1625)

四月，侯峒曾会试中进士。

天启七年(1627)

正月二十九日，侯震旸去世。

崇祯四年(1631)

是年，徐天麟会试中进士。

侯峒曾安葬父亲和祖母于圆沙侯氏祖茔，撰《侯氏三世葬录》。

崇祯五年(1632)

六月十八日，侯峒曾主持家祭，着手续修《侯氏家谱》。

崇祯六年(1633)

侯峒曾闲居在家。撰《重修纪王庙碑记》。

崇祯七年(1634)

八月，侯峒曾南归。

是年，侯峒曾任南京兵部武选清吏司主事、南京吏部文选司主事。

崇祯八年(1635)

九月，侯峒曾返乡休假。

崇祯九年(1636)

三月，侯峒曾携母亲同赴南京，随身奉养。

崇祯十年(1637)

肖像画家曾鲸绘《侯峒曾像》。

崇祯十一年(1638)

侯峒曾升提学江西学政布政司右参议兼按察司佥事。

崇祯十五年(1642)

侯玄汸中乡试副榜。

崇祯十六年(1643)

正月，侯峒曾赶到嘉兴上任。

十一月，侯峒曾上疏称病请辞，决意回乡。

十二月，朝廷圣旨下达侯府，任命侯峒曾为顺天府丞。峒曾以病婉拒不受。

崇祯十七年(1644)

春，闯王李自成攻占北京。侯峒曾正在紫隄村休养，急忙想赴京未成。

五月，福王自称弘光皇帝，委任侯峒曾为通政使司左通政。峒曾三次上疏拒绝。

清顺治二年(1645)

闰六月十二日，清廷颁布《剃发令》。

闰六月廿二日，侯峒曾带领侯氏子弟出征嘉定城。

闰六月二十六日，嘉定形势危急。侯峒曾撰《绝缨书》。

七月初四日，侯峒曾、侯玄演、侯玄洁等殉难。

顺治三年(1646)

正月初一起，侯岐曾撰写避难日记。

六月二十七日，侯峒曾妻子李氏绝命。

是年，夏淑吉等在侯氏老宅岁寒亭避难。

顺治四年（1647）

四月二十六日，陈子龙到紫隄村躲避。

五月十一日，侯岐曾、陈子龙被清兵捕获。龚太恭人等殉难。

五月十四日中午，侯岐曾就义。

顺治八年（1651）

是年，侯玄瀞在灵隐寺去世，年仅27岁。

乡绅朱若林等重建永福寺，移址三百多步。

顺治十年（1653）

夏淑吉、宁若生、盛韫贞、姚妫俞等削发为尼。

顺治十四年（1657）

秋，文学名家冒襄在南京金陵寓馆组织“世盟高会”，侯玄泓应邀赴会。

顺治十八年（1661）

夏淑吉寿终，年仅43岁。

康熙九年（1670）

中秋，侯玄泓在明月堂组织“明月诗会”。

康熙十三年（1674）

夏淑吉、宁若生、盛韫贞、姚妫俞等合葬“侯家坟山”节孝阡，人称“侯氏四贞”。

康熙十七年（1678）

侯玄汸去世，终年64岁。

康熙二十三年（1684）

紫隄村内有村民三百多户。过了三十年，增至七百多户。

康熙四十二年（1703）

侯艮旸主持在侯氏老宅重建上谷东族宗祠。

康熙四十六年（1707）

冬，诸家桥重建，改称鹤龙桥。

康熙五十七年(1718)

汪永安辑成《紫隄村小志》三卷。

康熙六十年(1721)

嘉定县知县刘奕冲在侯氏故宅创建“侯氏三忠祠”。

康熙六十一年(1722)

《淞南志》八卷问世。

乾隆二年(1737)

侯梅建绍衣堂。

乾隆十五年(1750)

夏,陶南望始成《草韵汇编》二十六卷,并作序。

乾隆二十年(1755)

陶南望《草韵汇编》正式刊印行世。

乾隆二十九年(1764)

进士薛鼎铭居紫隄村设馆授徒。

乾隆三十年(1765)

诸翟镇正式定名。

乾隆三十三年(1768)

秦氏自建天助桥,俗称“秦家桥”。

乾隆三十四年(1769)

设立诸翟巡检司署,俗称“三界司”。

乾隆三十九年(1774)

夏,嘉定名士钱大昕撰《纪王庙碑》。

乾隆四十一年(1776)

朝廷旌表侯峒曾、黄淳耀为“忠节公”。

乾隆四十六年(1781)

关帝庙改建,扩容成规模。

乾隆五十年(1785)

关帝庙新建戏台。

乾隆五十五年(1790)

纪王镇南三里新建淞南文昌帝君庙,俗称“纪王文昌庙”。

嘉庆十年(1805)

秦立辑诸翟、纪王两镇合志《淞南志》八卷。

道光元年(1821)

乡人集资重修纪王庙。

道光十七年(1837)

刻本《仍贻堂全集》问世。

咸丰六年(1856)

侯承庆续修,沈葵增修《紫隄村志》。

咸丰十年(1860)

太平军东进,诸翟关帝庙、纪王庙、城隍庙、文昌庙等均毁于兵燹。

咸丰十一年(1861—1862)

1861 年 1 月 14 日,太平军攻占诸翟镇。16 日退出。

1861 年 6 月 19 日,太平军再次攻入诸翟镇。

1862 年 1 月 26 日,太平军又攻占诸翟镇。

光绪元年(1875)

就诸翟关帝庙殿基募建厅楼,厅供武圣,楼为文昌阁。

光绪三年(1877)

纪王文昌庙重建前楹。

光绪十五年(1889)

纪王城隍庙重建。

光绪二十九年(1903)

诸翟关帝庙戏台被毁。

宣统三年(1911)

里人陆鸿诏修成《纪王镇志》稿本四卷。

民国元年(1912)

诸翟巡检司署撤销,设自治局于文昌宫,属嘉定县十二乡。

民国十年(1921)

华漕镇南建造虹桥飞机场。

民国二十年(1931)

9月,钱行素获得上海市第二届运动会女子二百米和跳远两项冠军,刷新全国纪录。

民国二十二年(1933)

3月,《侯忠节公全集》十八卷铅印本出版。

9月,钱行素参加上海市第三届运动会田径比赛,创女子一百米、二百米、八十米跳栏全国新纪录,获得跳远项目冠军。

10月18日(农历九月十九日),诸翟永福寺重修落成。

民国二十六年(1937)

11月,日军飞机侵入诸翟镇上空,炸毁房屋112间,包括关帝庙。

民国二十七年(1938)

8月15日下午,抗战英烈侯伯泉被日寇杀害,年仅29岁。

民国二十九年(1940)

4月14日至27日,侵华日军、汪伪军制造青东地区大血案,历时13天。

民国三十年(1941)

6月16日上午,抗战英烈赵季昌在黄渡师范操场学校就义,年仅29岁。

陈琳与妻施氏墓志(唐大和四年·830年)

1978年8月和1979年2月,上海县诸翟乡石皮弄(今属华漕镇)庙港附近农民在取土制砖时,先后发现两座唐代墓葬及两方墓志石。据碑文记载,唐大和四年(830)十一月陈琳夫妇合葬于"苏州(府)华亭县北十里北平乡"。此墓志是已发现的上海地区有县建置后最早的碑刻。今存上海博物馆(陈琳墓志石高0.38米,厚0.03米,施氏墓志石高0.36米,宽0.36米,厚0.03米)。

施氏墓志石

陈琳墓志石

诸翟玄寿观记碑(明万历十四年·1586年)

玄寿观在诸翟镇东北单家浦(今洪泾港)畔,始建于元延祐年间。明嘉靖年间,倭寇侵害紫隄村,观舍尽毁。万历十四年(1586)秋八月,道士李宪章等将附近的凌家庙改建成玄寿观,但规模狭隘,仅供香火。侯尧封(1515—1598,初名栋,字士隆,号复吾),隆庆五年(1571)中进士,时任福建布政使司右参政,应邀撰《玄寿观记》。乡人勒石立碑。

重建紫隄土谷神祠记碑(明万历十八年·1590年)

紫隄土谷神祠位于诸翟镇,前殿供土谷六神,后殿供观音佛像,中有隙地,构廊庑东西各二间,为道人住持之所。明嘉靖年间,毁于倭寇兵燹,万历十八年(1590)重建,立碑。清道光年重修,今已废。

重修紫隄关帝庙记碑(明万历三十五年·1607年)

紫隄关帝庙,本名武安祠,明嘉靖三十四年(1555)里人侯廷用(字汝舟)、侯尧封(初名栋,字士隆,号复吾)父子始建。万历三十五年(1607),侯孔鹤(字白仙,号五弗。侯尧封五子)、侯孔龄(字延之,号六好,又号思庵,侯尧封六子)便捐资组织大修,自八月十五至九月初九,近一个月竣工。名士王圻为此撰记,由侯孔鹤书,侯孔龄立石。清咸丰六年(1856)《紫隄村志》记载:"碑久剥落难辨,稍为补缀可诵,迨庙移建后,碑又断没泥沙。嘉庆间,大参公六世孙锦文、景章觅得之,嘱西族侯钟重书,锓板珍藏。"1999年关帝庙重修后再次立碑。

重建纪王庙记碑(明崇祯六年·1633年)

宋元时期吴淞江潮汛施虐,势如项羽称霸。乡民受害惨重,沿江设立寺庙,分别祭祀功高名重的汉将军以镇之。纪王庙是其中之一。明嘉靖十六年(1537),嘉定知县热衷办学,将纪王庙改为社学。崇祯六年(1633),乡人重建纪王庙(遗址在今纪东村东弄)。侯峒曾(1591—1645,字豫瞻,号广成,谥号忠节,天启五年进士)返乡守孝,正在家中,应邀撰《重建纪王庙碑记》,考证纪王庙之由来。

先太常公侍女朱氏圹铭(明崇祯十五年·1642年)

铭文由侯峒曾撰。太常公为其父亲侯震旸,明万历三十八年(1610)中进士,任吏科给事中。天启二年(1622),罢官返乡"婴末疾"(四肢患病),纳朱氏照料,五年后去世。

上海县饬行傍河各图每年农隙捞浚免派别徭碑(清雍正三年·1725年)

清雍正三年(1725)刻,立于诸翟镇东街市口。碑记官府每年农隙免派税赋炎事。碑高1.41米,宽0.65米,厚0.25米。

纪王庙碑(清乾隆三十九年·1774年)

清乾隆三十九年(1774)夏,嘉定名士钱大昕(1728—1804,字晓征,号辛楣)应乡人之邀撰《纪王庙碑》碑文。

淞南文昌帝君庙记碑(清嘉庆十六年·1811年)

淞南文昌帝君庙在纪王镇南三里(今红卫村),始建于清乾隆五十五年(1790)。嘉庆十六年(1811)七月,本地张崇傃(字补庵,贡生)募款重建,李赓芸撰《淞南文昌帝君庙记》。李赓芸(1754—1817),字生甫,又字许斋,号书田,嘉定县人。著名学者钱大昕入门弟子,乾隆五十五年(1790)进士。嘉庆二十年(1815)擢福建按察使,署布政使。

青浦县严禁地保差仵借尸诈扰告示碑(清嘉庆二十一年·1816年)

清嘉庆十七年(1812),诸翟镇方家窑设立仁寿堂,蟠龙镇设立同善堂,本地乡绅联名禀青浦县衙,请求将"严禁地保差仵借尸诈扰告示"立碑。嘉庆二十一年(1816),碑立蟠龙镇文昌阁同善堂碑亭内。

新修纪王庙记碑(清道光元年·1821年)

清道光元年(1821),纪王庙重修,当地士子张叶炯(名宝贤)撰《新修纪王庙记》,乡人勒石立碑。20世纪50年代,庙废碑失。

松江府为禁流丐土匪勾结盘踞强索肆窃告示碑(清道光二十五年·1845年)

清道光二十五年(1845)八月十三日,诸翟镇萧王庙勒石立《松江府为禁流丐土匪勾结盘踞强索肆窃告示碑》。

本土历代书目及作者

沈辉祖，号蘧庵，元末诸翟方亭里人。撰《蘧庵集》。

钱蕖馨(？—1360)，字莲仙，小字月媒，元末华漕王湖桥人。撰《仙闺集》二卷。

朱木，字楚材，华漕南何家巷人。撰《静翁集》《静轩行稿》。

沈鹤汀，字华一，诸翟方亭里人。撰《漱芳集》。

沈龙溪，字华二，诸翟方亭里人。撰《东园诗草》。

沈文敏，诸翟人。撰《侣鸥轩稿》。

沈道济，诸翟方亭里人。撰《东园吟稿》。

侯尧封(1515—1598)，初名栋，字士隆，号复吾，诸翟人，隆庆五年进士。撰《易意》《西台奏疏》《皂藻堂雅言》《铁庵遗稿》《龙江草堂遗稿》，辑《水利志》，纂修《侯氏家谱》。

秦楫，字子行，号凤山，诸翟人。撰《朱子语类纂要》。

秦羽鼎，字宾侯，诸翟方亭浦人。撰《双柑书屋诗稿》二卷。

秦羽泰，字家侯，诸翟朱家泾人。撰《家侯诗文集》四卷、《焚徐诗草》，纂《瞟城世系》。

王圻(1530—1615)，字元翰，号洪洲，诸翟人，嘉靖四十四年进士。撰《洪洲类稿》十六卷、《武学经传句解》十卷、《吴淞江议》、《洗冤录习览》十卷、《古今诗话》，辑《三才图会》一百零六卷（与其子王思义共辑）、《续文献通考》二百五十四卷、《谥法通考》十八卷、《稗史汇编》一百七十五卷、《东吴水利考》十卷、《明农稿》八卷、《古今考》二十二卷，纂修《两浙盐志》、《云间海防志》、《重修两浙鹾法志》二十四卷，主纂万历《青浦县志》八卷。

王思义，字充明，诸翟人。撰《宋史纂要》二十卷、《香雪林集》、《故事选要》。

王昌会，字嘉侯，万历年间诸翟人。辑《诗话类编》三十二卷、《金史洋要》。

王昌纪，字永侯，万历年间诸翟人。辑《诗经大全注疏合参》二十卷、《易经大全注疏合参》二十卷、《类海》一百卷、《阅古抡珠》、《读史抡珠》、《增补甲子会记》。

侯孔诏（1545—1604），字孟宣，号一贞，明代紫隄村人。撰《龙江剩笔》。

侯孔鹤，字白仙，号五弗，明代紫隄村人。撰《白村堂帖》。

侯孔龄，字延之，号六好、思庵，明代紫隄村人。撰《山林纪载》《博笑篇》《仲兴集》《避岁余谈》《明霞阁杂著》。

侯孔学，字中寰，明代紫隄村人。辑《易注》二卷。

侯震旸（1569—1627），字得一、起东，号吴观，明代紫隄村人，万历三十八年进士。撰《天垣疏略》。

侯鼎旸，字文侯，号赤崖，明代紫隄村人。撰《天浮子集》。

侯峒曾（1591—1645），字豫瞻，号广成，明代紫隄村人，天启五年进士。撰《易解》三卷、《侯纳言集》、《都下见闻》、《江西学政全书》、《启秀堂稿》、《燕游草》。后人辑《侯忠节公全集》十八卷。

侯岐曾（1595—1647），字雍瞻，号广维，明代紫隄村人。撰《疁城救时急务》、《保甲条议》、《嘉定集》八卷、《侯文节集》、《史记仍记》、《雍瞻诗文书稿》、《明侯文节先生丙戌、丁亥日记》稿本四册。

侯岷曾，字西青，号补亭，明代紫隄村人。撰《左国类隽》，修《侯氏东西族谱》。

徐天麟，字陵如，号退谷，明代紫隄村人，崇祯四年进士。撰《广荫轩杂咏》《西郊草堂集》。

徐人麟，字又如，明代紫陧村人。撰《十三经注疏删订》《通鉴补遗》。

汪之蛟，寓居紫陧村徽商。撰《蚓鸣集》。

沈求，字舆可，私谥寅愍，明末紫陧村人。撰《梅源草堂集》《杜诗肄考》，辑《梅花集句》二卷、《箴言》十六卷。

沈允济，字汝楫，号双溪，诸翟方亭里人。纂修《东阳宗谱》。

侯玄汸（1614—1678），字记原，号秬园，明末清初诸翟镇人。撰《月蝉笔露》《枕中集》《秬园集》《西园诗草》《客沪集》《槐荣堂次杜》《学古十函》《昔病记》《学易折衷》，辑《明月诗筒》《潜确先生集》《侯文节行述类志》。

侯玄洵（1617—1638），字文中，号确斋，明末清初诸翟镇人。撰《侯文中集》《病中记》。

夏淑吉（1618—1661），字美南，号荆影，明末清初诸翟镇人。撰《龙隐斋诗集》、《龙隐遗集》、《杜关语录》、《升略问答》二卷。

侯玄泓（1620—1674），字研德，号掌亭，后易名元涵，又字中德，明末清初诸翟镇人。撰《格致录》《掌亭集》《玉台金镜录》《燕喜楼日记》。

侯艮旸（1620—1703），字兼山，号石庵、石厂、硕盦，明末清初诸翟镇人。撰《假我草诗集》《吉凶至情文集》，辑《上谷四贞集》《贞孝遗稿》。

侯峤曾，字汉瞻，号卧云，明末清初诸翟镇人。撰《卧云集》。

侯蓁宜，字俪南，明末清初诸翟镇人。撰《宜春阁集》。

侯玄演（1620—1645），字几道，明末清初诸翟镇人。撰《玉台清照》六卷、《几道诗文集》八卷、《咏物诗》。

姚妫俞，字灵修，明末清初诸翟镇人。撰《再生遗稿》、《再生余事》、《兰房广记》十卷。

侯玄洁（1621—1645），字云俱，明末清初诸翟镇人。撰《玉溪生诗笺》、《云俱诗文集》六卷、《遗民录》。

侯玄瀞（1624—1651），又名玄简，字智含，明末清初诸翟镇人。撰《智含诗文集》五卷、《方外诗文》二卷、《南征日述》、《侯忠节公年谱》。

盛韫贞，字静维，号寄笠道人，明末清初诸翟镇人。撰《寄笠遗稿》。

宁若生,字璀如,明末清初诸翟镇人。撰《春晖诗草》。

章有渭,字玉潢,明末清初诸翟镇人。撰《淑清遗草》、《淇园集》二卷、《燕喜楼草》,合著《章氏六才女诗集》。

沈禹霖(谱名廷琳),字雍来,号蒿园,清初诸翟新嘉里人。撰《勃溲草》。

沈白,字涛思,号贲园,清初紫隄村人。撰《吴淞江考略》《贲园文存》《樗亭稿》,辑《临江唱和集》。

张震高,字闻洽,号谱庵,清初纪王庙人。撰《临江乡小志》二卷。

诸云,字汉昭,号回轩,明末清初华漕人。撰《周易讲义》《华溪书屋诗文集》《顿邱诗草》。

诸章,字玉相,号琢亭,明末清初华漕人。撰《娜嬛室诗稿》《西坰诗集》。

诸堂,字仁安,号豫斋,清初华漕人。撰《就兰培英堂诗文集》《见闻录》,辑《五经纂要》。

诸玉模,字定洋,号南崖,清初华漕人。撰《拙修轩存稿》。

侯檠(1637—1653),字武功,诸翟镇人。撰《侯伯子诗文集》。

侯开国(1647—?),初名荣,字大年,号凤阿,诸翟镇人。撰《南楼日札》《凤阿山房诗集》《春帆草》《乐山文集》,辑《春秋注疏大全集要》《经世道源录》。

侯棠,字悦舟、月洲,号南荫,诸翟镇人。撰《云清阁诗稿》。

侯莱,字准树,诸翟镇人。撰《臆存草》《荷浦杂吟》。

侯昌焜,字丙德,号素堂,诸翟镇人。撰《香雪坡诗集》。

秦润,字德彩,号诚庵,诸翟镇人。撰《四书大全》《微言合参》《格致录》。

秦立(1660—1733),字舆参,号云津、芝斋,诸翟镇人。撰《芝斋文集》六卷、《诗集》二卷、《见闻杂志》十二卷、《读左正讹》,纂修《练川野录》十六卷、康熙《淞南志》八卷、《雍正嘉定县志补编》五卷,参纂《紫隄村志》。

汪钱稷,诸翟镇人。撰《龙江逸事》。

汪永安,字存夜,号叟否,康熙年间诸翟镇人。撰《地理辨证发微》三卷、《考工记图释》、《札记合参》、《古文草》、《拟古乐府》、《恰云诗集》、《吟匏诗余》，辑《周易本义拾遗》、《春秋大旨》、《学庸粹义》四卷、《建文纪年》、《历朝改元录》、《村阀汇编》、《七书转借录》、《黄溪杂志》，纂修《紫隄村小志》三卷、《黄渡志》。

汪宜耀（1696—1778），字士云，号云吾、髻庵，诸翟镇人。撰《学庸粹义》《周易本义拾遗》《礼记合参》《考工记图释》《春秋大旨》《续修山舟记》《地理辨正发微》《归厚录图解》《三元地理秘书十一种批注》《水龙经注解》《天星选择秘书注解三种》。

汪珏，诸翟镇人。撰《纺愚集》。

汪士刚，诸翟镇人。撰《芰闲诗文集》《日报录》。辑《庄子内篇注释》。

汪承宗，诸翟镇人。撰《霁亭诗草》。

沈士俩，字乘远，号朴庵，诸翟新嘉里人。撰《缶音集》《耆余集》。

沈士丰，字洪年，诸翟方亭浦人。撰《醉墨吟草》。

朱志朝，字端绅，号蓉斋，原籍松江，迁居诸翟。撰《和声集》。

唐功恒，诸翟人。撰《金刚经芰解》《庄子解》。

徐克润，字田瑛，号蓝谷，诸翟人。撰《画学源流》《云间画史》《蓝谷诗草》。

陈维礼，字会原，号山铎，诸翟人。撰《时惕居杂录》四卷，辑《论语孔子弟子言行录》。

陶南望（？—约1751），字逊亭，号一篑山人，华漕陶家桥人。撰《楚游日记》《逊亭诗文集》，辑《草韵汇编》。

陈虞荣，庠名王治，字翼三，诸翟人。撰《龙溪八景诗》。

陈虞胤，诸翟人。撰《厚生录》二卷。

侯绅，诸翟人。撰《蓉坪诗草》。

张启元，字耀东，号春岙，嘉庆年间诸翟人。撰《敦本录》。

沈焕，字旭如，嘉庆年间诸翟袁家弄人。撰《宁远堂集》。

朱孔阳，字寅谷，号邠裳，嘉庆年间诸翟镇人。撰《书经串解》《历朝陵寝考》，纂修《朱氏族谱》，与侯承庆同辑《淞南诗草续选》、续修《紫隄村小志》。

沈复云，字成章，号守愚，诸翟新嘉里人。撰《守愚吟诗》。

侯承庆(1780—?),字灿东,号云岩,又号古白鹤村人,诸翟镇人。纂修《上谷东西族谱》,与朱孔阳同辑《淞南诗草续选》,续修《紫隄村小志》。

沈葵,字心卿,号钦阳,嘉庆、道光年间诸翟新嘉里人。撰《青灯漫草》二卷、《盆植纪略》、《盆植百咏》、《青秧集说》,辑《竿山何氏医案》《地理胪指》《十国春秋摘要》《类经摘注》《天文管窥》《史学启蒙》《淞南诗草合编》《上谷诗集》。

侯敞(1821—1900),字尚文,号梅衫,晚号淞南居士,华漕侯家角人。撰《自信赋草》二卷、《资画录》十卷、《读史论补》三卷、《胜迹联珠》三卷、《四书姓氏考略》,辑《诗句拣金》《名诗碎锦集》。

侯绅、侯敩、侯敞,诸翟镇人。撰《同怀诗抄》。

朱希鉴,字藻伦,号半溪,诸翟镇人。撰《清所轩稿》。

朱绂,字方来,号妍香,诸翟镇人。撰《自得轩诗草》《酿花居诗余》。

张超,字烛坤,号鲁斋,诸翟镇人。撰《漱芳轩诗稿》。

曹蒙,字起溟、孔昭,号桐孙,清末纪王庙人。撰《抱玉堂诗集》,纂修《纪王镇志》。

薛乃鲲,字凤三,清末诸翟镇人。辑修《汪氏龙江支族家谱》。

上海闵行地方文史丛书

（闵行区文化发展专项资金资助项目）

第二辑

《浦江史话》
《吴泾史话》
《马桥史话》
《颛桥、莘庄工业区史话》
《梅陇、古美史话》
《莘庄史话》
《七宝史话》
《虹桥史话》
《华漕、新虹史话》
《江川史话》
《浦锦史话》

第一辑

《闵行秀·老屋大观》
《闵行秀·古迹寻踪》
《闵行秀·乡土墨客》
《上海闵行英烈》
《上海闵行红色地图》
《百年沪闵路》（修订本）
《海派乡土文化》（修订本）
《20世纪上海乡土图像》
《上海闵行历代著姓望族》
《上海闵行地方古籍提要》